[経済学入門シリーズ]
ゲーム理論入門

武藤滋夫

日本経済新聞出版

まえがき

　本書は，「ゲーム理論」の入門書です。ゲーム理論という言葉もかなりポピュラーなものになってきましたから，すでにどこかでこの言葉を目にされたことがおありになるかもしれません。ゲーム理論というのは，簡単にいってしまえば，複数の意思決定主体が存在する状況における意思決定の理論です。複数の意思決定主体がいますから，たとえ自分のとる行動が同じであっても，他の人々のとる行動によって結果は違ってきてしまいます。したがって，他の人々がどのような行動をとるかを常に考慮に入れながら自らの行動を決定していかなければなりません。そこに，ゲーム理論の難しさもあり，おもしろさもあります。

　ゲーム理論は，チェスなどの室内ゲームに代表されるような，利害が完全に対立する２人の意思決定主体の行動分析から始まりました。しかしながら，「ゲーム的状況」は，室内ゲームの世界だけではありません。われわれの社会は人と人の間の関係から企業，国家などの組織と組織の間の関係に至るまで，様々なゲーム的状況にあふれていますから，ゲーム理論はただちに経済学，政治学，社会学など社会科学の諸分野に浸透していきました。

　特に，1980年代からの経済学，なかでも産業組織論などミクロ経済学への浸透はめざましいものがあり，現在では，ミクロ経済学はゲーム理論なしには語れないといっても過言ではありません。そして，政治学，社会学などの他の社会科学の分野はもちろんのこと，生物学，情報科学，経営工学，社会工学，オペレーションズ・リサーチなどの理工学の分野にも，ゲーム理論は大きな広がりを見せています。

　これらの動きを受けて，英文のゲーム理論のテキストも1990

年代に入って数多く出版されるようになってきました。日本でも、1990年代半ばから、翻訳書を含め多くのゲーム理論のテキストが出版されています。

　ゲーム理論がこのような展開を見せるなかで、「ゲーム理論は難しい」という言葉をよく耳にします。確かに、ゲーム理論は数理的な理論ですから、数式がよく出てきます。最近出版されている日本語のテキストも例外ではありません。数式が多いということがゲーム理論は難しいという原因になっているのかもしれません。しかし、ゲーム理論の基本的な部分は＋－×÷の四則演算だけで十分です。

　一方、ゲーム理論の違った観点からの難しさを耳にすることがあります。他の人々の動きを考慮しながら自分にとって最適な意思決定を行うという概念的な難しさです。経営工学やオペレーションズ・リサーチなどの分野でも意思決定を扱いますが、そこでは他の人々など外部の動きはすべて確率的に扱ったうえで最適な意思決定を行うことが普通です。しかしながら、他の人々もそれぞれの意思を持って行動しているわけですから、それでは不十分ではないでしょうか。では、どうやって他の人々の動きを考慮したうえで意思決定をしていくか、そこにゲーム理論の概念的な難しさがあります。

　本書では、ゲーム理論の基本的な考え方そしてそのおもしろさを、できるだけ平易に解説し、読者にゲーム理論は難しくないことを知っていただこうと思っています。したがって、数式による議論はできるだけ避け、簡単な事例を用いて議論を進めていきます。もちろん、ゲーム理論は数理的な理論ですから、数式を全く用いないで議論することはできません。ただし、そのときも抽象的な議論は避け、具体的な数値を入れて目に見える形で話を進めます。さらに、理解を深めていただくために、各章末に練習問題を用意しました。

　本書を読んで、文字通りゲーム理論の門をくぐっていただき

まえがき

たいと思います。そして，ゲーム理論のおもしろさをわかっていただき，本書を橋渡しとして現在出版されている他のゲーム理論のテキストへと進んでいただければ，筆者にとってこの上もない幸せです。

　本書は，筆者のこれまでの東京工業大学，東北大学，東京都立大学などにおけるゲーム理論の講義ノートをベースに，最近のトピックを付け加えたものです。中山幹夫氏（慶應義塾大学），松井知己氏（東京大学），松井泰子氏（東海大学）には，本書の初稿の段階から丁寧かつ建設的なコメントをいただきました。牛尾吉昭氏（東京経済大学），大西匡光氏（大阪大学），岡田章氏（京都大学），船木由喜彦氏（早稲田大学），丸田利昌氏（大阪府立大学），大和毅彦氏（東京都立大学），渡辺隆裕氏（岩手県立大学）からは，最終稿に対してそれぞれのご専門の立場から有益なコメントを多数いただきました。また，東京工業大学大学院学生の石原慎一君，陣内悠介君，武藤正義君，小川竜児君，福田恵美子さん，山田典一君には計算結果をはじめ最終稿を細かくチェックしてもらいました。日本経済新聞社の堀口祐介氏には，本書の企画の段階から完成まで大変お世話になりました。これらの方々に心から感謝いたします。

　2000年12月

武藤　滋夫

目 次

I　ゲーム理論を学ぼう……………………………………11

1　ゲーム理論とゲーム的状況　13
2　協力ゲームと非協力ゲーム　14
3　ゲーム的状況の表現　15
4　ゲーム理論が与えてきたもの　16
5　本書を読まれるにあたって　21

II　非協力ゲームI：行動決定が
　　同時に行われる場合……………………………………23

1　事例による把握　25
2　戦略形ゲーム　28
3　戦略の支配　32
4　囚人のジレンマ　35
5　最適反応戦略とナッシュ均衡　37
6　戦略の支配とナッシュ均衡　43
7　混合戦略　45
8　ナッシュ均衡の求め方　48
9　ナッシュ均衡の応用例：
　　クールノーの複占市場　53
10　マックスミニ戦略　57
11　2人定和ゲームとミニマックス定理　60
12　多人数戦略形ゲーム　64
13　利得と期待効用　66
練習問題　68

III　非協力ゲームII：行動決定が時間を
　　おいて行われる場合…………………………………69

6

目 次

1 事例による把握　71

2 展開形ゲーム　74

3 戦略形ゲーム表現　78

4 ナッシュ均衡　81

5 部分ゲーム完全均衡　84

6 チェーンストア・パラドックス　95

7 繰り返しゲーム　100

8 部分ゲーム完全均衡の応用例：
　　シュタッケルベルクの複占市場　111

練習問題　114

Ⅳ　情報不完備なゲーム ·············117

1 事例による把握：
　　行動決定が同時に行われる場合　120

2 ベイジアンゲームの戦略形ゲーム表現　121

3 ベイジアン均衡　123

4 事例による把握：
　　行動決定が時間をおいて行われる場合　125

5 ベイジアンゲームの展開形ゲーム表現　126

6 完全ベイジアン均衡　127

7 情報不完備なゲームの応用例：
　　中古車市場とレモン　131

練習問題　135

Ⅴ　2人協力ゲーム：交渉ゲーム ·············137

1 協力ゲーム理論と非協力ゲーム理論　139

2 事例による把握と相関戦略　141

3 実現可能集合と交渉の基準点　142

4 交渉ゲーム　145

5 ナッシュ交渉解と公理系　146

6 ナッシュ交渉解に対する非協力ゲームからの
アプローチ　154

7 譲渡可能効用とサイドペイメント　155

練習問題　157

Ⅵ　多人数協力ゲーム：特性関数形ゲーム ……………159

1 事例による把握　162

2 特性関数形ゲーム　164

3 優加法性と全員提携の形成　168

4 配分　170

5 コア　173

6 仁　180

7 シャープレイ値　187

8 特性関数形ゲームにおけるその他の解　193

練習問題　194

Ⅶ　進化と学習のゲーム理論……………………………195

1 進化と学習のゲーム理論を学ぶ前に　198

2 進化論的ゲーム理論　200

3 進化的安定戦略　203

4 混合戦略型の行動様式まで考えた進化的
安定戦略　205

5 進化ゲームの動学的モデル　209

6 適応型学習に基づくゲーム理論Ⅰ：
現在の状態の観察　213

7 適応型学習に基づくゲーム理論Ⅱ：
過去の経験の記憶　219

練習問題　228

〈文献ガイド〉　ゲーム理論をより深く学ぶために………229

　　　　　　　　　　　　　　　目　次

練習問題の略解　　235

事項索引　　239

人名索引　　242

事　例
価格引き下げ競争……25

規格の統一争い……26

視聴率競争……27

クールノーの複占市場……53

男女のジレンマ……66

価格引き下げ競争における先導者と追従者……71

参入と参入阻止……72

多期間にわたる価格引き下げ競争……72

部分ゲームの説明……87

シュタッケルベルクの複占市場……111

価格引き下げのもたらす影響の不確実性……120

B 社（参入企業）の不確実性……126

規格統一における A 社と B 社の協力……141

利得行列の変更……155

投票による決定……162

家の売買……162

費用の分担……163

タカーハトゲーム Ⅰ……200

タカーハトゲーム Ⅱ……205

2種類のワープロソフト……213

ドアの出入り……219

COFFEE BREAK
フォン・ノイマンは著書に「ゾウ」を入れた！…18

囚人のジレンマのもともとのストーリーは？…38

フォン・ノイマンはナッシュ均衡がキライ？…52

9

強かったのはお返し戦略！…109

有名大学卒業は採用時の判断材料になるか？…134

「無関係な結果からの独立性」の公理は妥当？…152

ユダヤ教の教典にあったゲーム理論！…186

エスカレーターはどちらに並ぶ？　そして，ドアは押さえる？
　　押さえない？…227

I

ゲーム理論を学ぼう

● ゲーム理論の特徴は，相互に影響を及ぼしあい，しかも必ずしも利害が一致しない複数の人間の意思決定を扱うことです。このような状況を，ゲーム的状況と呼びます。

● 当事者が独自に意思決定を行う状況を扱う非協力ゲームと，当事者間の話し合いを許し共同行動を考える協力ゲームがあります。

● ゲーム的状況の表現には，非協力ゲームにおける戦略形と展開形，協力ゲームにおける特性関数形（ないしは提携形）があります。

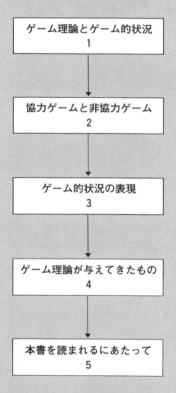

1 ゲーム理論とゲーム的状況

ゲーム理論は，1944年に出版されたフォン・ノイマン（J. von Neumann）とモルゲンシュテルン（O. Morgenstern）による大著 *Theory of Games and Economic Behavior*（『ゲームの理論と経済行動』銀林浩ほか訳）を出発点とする意思決定の理論です。意思決定の理論といっても，他の理論と根本的に違うのは，複数の人間が存在するときの意思決定を扱うことです。人々はそれぞれ目的を持って意思決定を行います。そして，結果は，自らの決定だけでなく，他の人々がどのような意思決定を行ったかに依存して決まります。したがって，ゲーム理論では，他の人々がそれぞれの目的を達成するためにどのような意思決定をしてくるかを常に考えながら，自分自身の目的の達成を目指して意思決定を行わねばなりません。そこにゲーム理論の難しさがあり，またおもしろさもあります。ゲーム理論の扱うこのような状況を，今後は「ゲーム的状況」と呼ぶことにします。

ゲーム理論は，チェスなどの室内ゲームに代表されるような，利害が完全に相対立する2人の意思決定主体の行動分析から始まりました。しかしながら，ゲーム的状況は，なにも室内ゲームの世界だけではありません。われわれが日常暮らしている社会は，まさにゲーム的状況に満ちあふれています。

例えば，毎日のようにテレビ，新聞などで見聞きする，企業の合併，倒産，労使の賃金交渉，新製品の発売，価格の引き下げ，引き上げなどの経済関係のニュース，連立政権の形成，政党の分裂，選挙結果などの政治関係のニュース，国家間の紛争，領土交渉，貿易交渉などの国際関係のニュース，そして，ゴミ処理場の建設，河口堰の建設，干潟の埋め立てなど異なる利益，意見をどのように調整していくかという社会的なニュー

スなどが挙げられます。

これらはすべて，企業，政党，国家，団体，地域住民などの，利害が必ずしも一致しない様々な組織の間の競争と協調，つまり様々な意思決定主体の間のゲーム的状況から生まれてくるものです。

2　協力ゲームと非協力ゲーム

ゲーム的状況といっても様々なものがあります。例えば，企業間の競争においては，各企業は独自に意思決定をします。話し合いを持って何かを決めることはありません。もし，価格の設定で企業が話し合いを持った疑いがあれば公正取引委員会が乗り出してきますし，入札で談合の疑惑があれば検察の捜査が入ります。しかしながら，企業の意思決定においても，企業間の技術提携，業務提携，そして合併の交渉などのように，よりよい道を探るべく当事者間で話し合いを行い，合意に達すれば契約書を取り交わしてそれを実行していくという場合もあります。

政党間の争いでも，選挙においては，議席を増やすべく各党の熾烈な争いが繰り広げられますが，議会においては，提出された議案をめぐって各党の間で話し合いが行われ，話し合いの結果を盛り込んだ修正案が成立することがよくあります。また，1993年以降のわが国では，連立政権の形成をめぐる政党間の話し合いもよく見受けられるようになってきました。国際関係でも，やむを得ず戦争に陥ってしまうこともありますし，様々な国際会議，領土交渉，貿易交渉など，当事国が話し合ってよりよい解決策を探ることもあります。

また，ゴミ処理場の建設などでは，利害の対立する人たちが直接話し合うだけでなく，行政サイドが異なる利益，意見をどう調整していったらよいかという問題も起こります。

I ゲーム理論を学ぼう

ゲーム理論では，このような多種多様なゲーム的状況を扱っていくため，大きく２つに分かれて理論が発展してきました。競争状態を扱い，当事者がそれぞれ独自に意思決定を行う状況を扱う「非協力ゲーム理論」と，当事者間の話し合いを許し，共同行動を考慮する「協力ゲーム理論」です。それぞれ違った観点から，社会におけるゲーム的状況に新たな，そして深い洞察を与えてきています。

3 ゲーム的状況の表現

ゲーム理論の大きな貢献の１つは，ゲーム的状況を表現する方法，ないしはゲーム的状況を記述する言葉ともいうべきものを与えたことです。

まず，主体が同時に行動決定を行う状況を表現するものとして「戦略形」ないしは「標準形」と呼ばれる方法を与えました。戦略形表現では，ゲーム的状況を「プレイヤー」「戦略」「利得」の３つの要素で表現します。プレイヤーとは，分析しようとするゲーム的状況に関わっている意思決定主体です。戦略とは，各プレイヤーが行動を決定する時点でどの選択肢をとるかを前もって定めておく計画です。利得とは，各プレイヤーがそれぞれの戦略に従って行動したときにもたらされる結果に対して彼らが持つ評価値です。

行動決定が時間の流れとともに行われていく状況を表現するものとしては，「展開形」と呼ばれる表現があります。展開形表現では，「誰が」「いつ」「どのように」行動を決定するのかを「木」の形で表現します。この表現により，意思決定主体がどのような順序で行動を決定していくのか，またどのような情報を持って行動を決定するのかなど，意思決定に関わる様々な背景が詳細かつ明確に把握できるようになりました。この表現により見通しがよくなった経済，社会現象は少なくありませ

15

ん。

　この2つの表現は，主に非協力ゲームの表現として用いられています。それに対して，協力ゲームは一般に「特性関数」と呼ばれる関数で表現されます。特性関数は，協力関係を結んだプレイヤーのグループがそれぞれどれだけのものを得られるかを表す関数です。この特性関数による表現は，「特性関数形」表現ないしは「提携形」表現と呼ばれています。

4　ゲーム理論が与えてきたもの

　ゲーム理論は，非協力ゲームであれば，プレイヤーはどのような戦略をとればよいのか，そして各プレイヤーの意思決定の結果どのような状態が生み出されるのかを，また，協力ゲームであれば，プレイヤーはどのような協力関係を結べばよいか，そして協力の結果得られたものをどのように分けあえばよいかを，数理的に厳密な形で提供してきました。

　フォン・ノイマンが最初に分析したのは，利害が完全に対立する2人のプレイヤーの間のゲームです。勝つか負けるかしかない室内ゲームもそうですし，われわれの社会でいえば，2国間の戦争における攻防，2企業間の市場占有率の争いなどがこのゲームの範疇に入ってきます。Ⅱ章で詳しく述べますが，一般に，このようなゲームは「ゼロ和ゲーム」と呼ばれています。勝者の利得が1であれば，敗者の利得は－1となり，両者の合計は常にゼロとなります。フォン・ノイマンは，ゼロ和ゲームにおいて2人のプレイヤーがとるべき戦略を明確に示しました。「マックスミニ戦略」ないしは「ミニマックス戦略」と呼ばれる戦略です。

　ゼロ和ゲームにおいては，2人のプレイヤーの利害が完全に対立しますから，プレイヤーが話し合って共同行動をとることはありません。しかしながら，ゼロ和でない「非ゼロ和ゲー

I ゲーム理論を学ぼう

ム」になりますと，2人のプレイヤーの利害が完全に対立する
わけではありませんから，プレイヤー間の話し合い，およびそ
れに基づく協力行動の可能性が出てきます。フォン・ノイマン
とモルゲンシュテルンは，2人のプレイヤーからなる非ゼロ和
ゲームそして3人以上のプレイヤーからなるゲーム的状況を，
協力ゲームの表現である特性関数形表現を用いて分析しまし
た。

特に，3人以上のプレイヤーからなるゲーム的状況に対して
は，彼らだけでなく，シャープレイ（L. S. Shapley），オーマ
ン（R. J. Aumann）に代表される彼らに続く研究者たちによって
様々な「解」が提案され，それらの解を用いて，経済学，社
会学，政治学などの社会科学，そして経営工学，社会工学，オ
ペレーションズ・リサーチなどの理工学の諸分野に至るまで，
広範な分野において多くの興味深い分析が行われてきました。

フォン・ノイマンとモルゲンシュテルンの理論には，まだ十
分ではない部分がありました。1つは，2人非ゼロ和や3人以
上のゲームにおいてプレイヤーが話し合うことなく独自に行動
を決定する場合です。このような状況は，われわれの社会にお
いてよく見受けられます。例えば，2つの企業間の競争でも利
害が完全に対立することは稀でしょうし，また，2つの企業の
みが競争を繰り広げる産業というのも稀でしょう。いま1つ
は，2人非ゼロ和ゲームで話し合いが行われ，協力行動をとる
場合です。この状況も，特性関数形表現による分析では必ずし
も十分とはいえませんでした。

この穴を埋めたのがナッシュ（J. F. Nash）です。ナッシュ
は，プレイヤーが話し合うことなく独自に意思決定する状況を
明確に分析の対象としました。そして，そのような状況におけ
る均衡概念を提示しました。これが「ナッシュ均衡」です。
ナッシュ均衡とは，他の人々が戦略を変えない限り誰も自分の
戦略を変える動機を持たない状態です。考え方は簡単なのです

17

C O F F E E   B R E A K

── フォン・ノイマンは著書に「ゾウ」を入れた！──

フォン・ノイマンといえば，量子力学の基礎，そして現在のコンピューターの基礎を築いた20世紀の天才数学者として，名前をご存じの方も多いと思います。幼少の頃から神童と呼ばれており，その

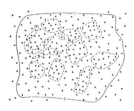

すばらしい記憶力など天才ぶりを伝える逸話には事欠きませんが，ユーモアのセンスにもあふれていたようです。1つ逸話を紹介しておきましょう。

フォン・ノイマンは，ワーカホリック（仕事中毒）というのでしょうか，仕事を始めると，それにのめり込む性格だったようです。モルゲンシュテルンとともに，*Theory of Games and Economic Behavior*（『ゲームの理論と経済行動』銀林浩ほか訳）を執筆しているときもそうでした。パウンドストーン（W. Poundstone）『囚人のジレンマ』（松浦俊輔ほか訳）によれば，一日のほとんどをモルゲンシュテルンとの議論に費やす夫フォン・ノイマンに対し，妻のクララは「論文に『ゾウ』が入っていないなら，ゲーム理論に関係のあることはこれ以上なにもしたくない」と宣言したそうです。論文にゾウを入れるのは無理な話ですから，「そんなに仕事ばかりしているなら，もう手伝いませんよ」ということだったのではないかと思います。妻クララの要求に応えて，フォン・ノイマンは本当にモルゲンシュテルンとの著書の中にゾウを入れてしまいました。

上の図が，フォン・ノイマンのクララに対する回答です。*Theory of Games and Economic Behavior*の第3版では，64ページにFigure 4として入っています。

I　ゲーム理論を学ぼう

が，この概念がわれわれの社会における諸現象を見事に解明していきました。

この後，ハルサーニ（J. C. Harsanyi），ゼルテン（R. Selten）といった研究者たちがナッシュ均衡の精緻化や拡張に努めたこと，そしてそれらの精緻化や拡張が多くの経済現象に新たな洞察を与えたこともあって，1980年代には，ゲーム理論，特に非協力ゲーム理論は経済学の分野にすさまじい勢いで浸透していきました。現在では，経済学，なかでもミクロ経済学は非協力ゲーム理論なしには語れないといっても過言ではないと思います。1994年に，ナッシュ，ハルサーニ，ゼルテンはノーベル経済学賞を授与されています。

いまや，ナッシュ均衡は，経済学だけでなく，社会学，政治学などの社会科学，そして生物学，情報科学などの理工学に至るまで，様々な分野でその威力を発揮しています。

ナッシュのもう1つの貢献は，2人非ゼロ和ゲームにおいて協力行動がとられる場合の分析です。ナッシュは，この問題を，協力行動によって得られた成果を2人のプレイヤーがどのように分けあうかを交渉する交渉問題としてとらえました。そして，交渉の妥結点が満たすべき性質をいくつか挙げ，それらを満たすただ1つの解を導きました。この解も，ナッシュの名を付けて，「ナッシュ交渉解」ないしは「ナッシュ解」と呼ばれています。ナッシュ交渉解は，労使の賃金交渉，2国間の貿易交渉など，様々な交渉の分析に広く用いられています。

もちろん，ゲーム理論は万能ではありません。これまでにも多くの批判がありましたし現在もあります。ゲーム理論のスタートは2人のゼロ和ゲームでした。利害が完全に対立する状況ですから，自分の利得がわかれば相手の利得もわかります。したがって，その後非ゼロ和ゲームの分析に進んでも，最初は，プレイヤーのとりうる選択肢の全体，利得などゲームの構造がすべてのプレイヤーに完全にわかっている状況を扱ってい

19

ました。このような状況を「情報完備」な状況といいます。

　しかしながら，例えば企業間の競争を考えればわかるように，ライバル企業がどのような選択肢を持っているのか，そしてどのような利得を持っているのかがはっきりしないことがよくあります。したがって，実際には情報完備な状況は稀であり，「情報不完備」な状況がほとんどではないかという批判がありました。これに対しては，すでに1960年代の後半に，ハルサーニが情報不完備なゲームを取り扱う方法を提案しています。1980年代に，経済主体間の情報の偏りから生じる様々な問題を扱う「情報の経済学」が，ミクロ経済学の分野において飛躍的に発展したのですが，その礎となったのはハルサーニが提案した情報不完備ゲームの取り扱いでした。

　もう1つの大きな問題は，プレイヤーの合理性です。ゲーム理論では，他のプレイヤーがどのような行動をとってくるかを先々まで十分に読んだうえで，自らの利得を最大にするよう熟慮して行動する「合理的な」プレイヤーを想定してきました。また，それをもとに，1980年代にはナッシュ均衡の概念をさらに精緻化する試みが盛んに行われました。しかしながら，「合理性」を突きつめていけばいくほど，それによって得られる結果と現実にわれわれが見聞きする現象との乖離が見受けられるようになってきました。ゲーム理論は人間の意思決定を扱う理論ですから，人間の行動の積み重ねから生じる社会現象を説明できるものでなければなりません。

　そこで，ゲーム理論は，これまでの「合理的」なプレイヤーから離れた「限定合理的」なプレイヤーを理論のなかに取り入れようとしてきました。戦略の複雑性という概念を明らかにし，プレイヤーがそれほど複雑な戦略を用いない場合にはどのような結果が起こるかを探る方向，実験によって実際の人間の行動を観察し，理論を検証，再構築する方向，さらには，1990年代に入って盛んに研究が行われるようになった進化論的ゲー

I　ゲーム理論を学ぼう

ム理論，学習に基づくゲーム理論のように，これまでよりもずっとシンプルな意思決定を行うプレイヤーを考える方向などがそうです。それぞれの領域で精力的に研究が続けられています。

ゲーム理論は硬直化した理論ではありません。もし，これまでの理論で不十分なところがあれば，貪欲に新しいアイデアを生み出していきます。そこがゲーム理論の最大の魅力といえるでしょう。もう１つのゲーム理論の魅力，それは数理的な理論でありながら難しい数学を必ずしも必要としないところです。もちろん，研究の最先端の部分では高度な数学を用いることもありますが，基本的なところはすべて，＋－×÷の四則演算だけで十分です。よく「ゲーム理論は難しい」という話を耳にしますが，そんなことはありません。そのことは本書を読めばわかっていただけると思います。

5　本書を読まれるにあたって

本書は，ゲーム理論の「入門書」ですから，できるだけ幅広い読者の方に，ゲーム理論のいろいろな考え方を知っていただくことを第一に考えています。そこで，ゲーム理論ではなぜこのように考えるのか，そして，その結果どのようなことが明らかになるのかといった点を中心に，プレイヤーの数が２人，３人といった構造が簡単なゲームについて，簡単な事例を使って説明していきます。また，数理的な理論ですから，ある程度の数式，数字による議論は避けられませんが，できるだけ具体的な数字を入れ抽象的な数式による議論は避けるようにしました。各章の最後には数題の簡単な練習問題を与えましたので，解いてみてください。

本書はこのような意図で書かれていますので，説明を基本的なところに留め，詳細は省いている部分がかなりあります。し

たがって，読み終えた後，もう少し深く知りたいと思われるところが必ず出てくると思います。そのようなときのために，巻末に日本語のものを中心に文献ガイドを掲載しましたので，参考にしてください。

　本書では，まずⅡ章，Ⅲ章，Ⅳ章で非協力ゲーム理論，次いでⅤ章，Ⅵ章で協力ゲーム理論，そして最後に，Ⅶ章で進化と学習のゲーム理論を解説します。

　それでは，Ⅱ章へと進むことにしましょう。

II
非協力ゲームI：
行動決定が同時に行われる場合

● 行動決定が同時というのは，必ずしも同じ時刻に決定することを意味しません。行動決定の時点で，誰も他のプレイヤーがどのような決定をしたかを知らないということです。

● プレイヤー，戦略，利得の3つの要素でこのような状況を表現したゲームを，戦略形ゲームといいます。

● 戦略形ゲームにおける解は，各プレイヤーの戦略が，それぞれ他のプレイヤーの戦略に対する最適反応になっている戦略の組です。これを，ナッシュ均衡といいます。

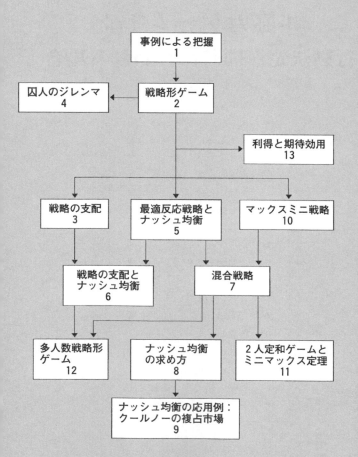

II　非協力ゲーム I：行動決定が同時に行われる場合

　この章では，すべてのプレイヤーが同時に行動決定を行う状況を考えます。「同時」と書きましたが，全く同じ時刻に行動決定を行う必要はありません。重要なのは，行動決定を行う時点で，誰も他のプレイヤーがどのような決定をしたかを知らないということです。

　まず，3つの事例を挙げます。これらの例を参照しながら，戦略形ゲームと呼ばれるゲームを説明し，各プレイヤーがどのような行動をとればよいかを分析します。戦略の比較のための支配の概念，そして非協力ゲームにおける最も重要な概念であるナッシュ均衡を解説し，経済学への応用例としてクールノーの複占市場の戦略形ゲームを用いた分析を紹介します。さらに，ゲーム理論の出発点ともいえる2人ゼロ和ゲームのミニマックス定理にもふれます。

　なお，本章では，議論をできるだけ簡単にするために，プレイヤーが2人の場合を中心に解説していきますが，戦略の支配，ナッシュ均衡などは，3人以上のプレイヤーが存在するゲームにおいても同じように定義することができます。このことについても簡単にふれます。

　最後に，利得についての注意を与えて本章を終わります。

1　事例による把握

◎事例 2-1　価格引き下げ競争

　2つの企業 A，B が同種の商品を同じ価格で販売しており，今期の利潤はそれぞれ 4 億円と見積もられています。両社は，それぞれの商品の来期の価格について「今期の価格を維持するか，それとも引き下げるか」を検討しているとします。A，B 両社は，来期の利潤について次のような見積りをしています。

　①もし両社ともに今期の価格を維持した場合には，今期と変わらずにそれぞれ 4 億円，②一方のみが引き下げた場合には，

消費者が低価格の商品の方に流れ，引き下げた企業の利潤は6億円，今期の価格を維持した方の企業の利潤は1億円，③もし両社ともに引き下げた場合には，それによって新たな需要が生じるものの，商品1個あたりの儲けが減少するため，利潤はそれぞれ2億円。両社は来期の自社の利潤をできるだけ大きくすることを目的とし，お互い話し合うことなく，また相手がどのような決定をしたかを知らずに，来期の価格を引き下げるかどうかを決定するものとします。このとき，両社は価格の維持，引き下げのどちらを選択したらよいでしょうか。

◎事例2-2　規格の統一争い

コンピューター・メーカーA，Bが，新機種の開発にあたり，「Xタイプ，Yタイプの2つのオペレーティング・システム（OS）のどちらを採用するか」を検討しているとします。もし両社が同じOSを採用した場合には，両社の新機種の間に互換性ができるため対応するソフトウェアの開発も進み，両社の新機種ともに売り上げが伸びますが，異なるOSを採用した場合には，互換性がないためソフトウェアの開発も進まずあまり売れ行きは伸びないであろうと予想されています。また，これまでの技術開発の実績から，2つのOSのうち，A社はXタイプ，B社はYタイプの方を得意としており，この新機種の販売から得られる利潤は次のようになるであろうと両社は見積もっています。

①両社ともにXタイプを採用したときにはA社は6億円，B社は4億円，②両社が異なるタイプを採用したときには両社ともにゼロ，③両社ともにYタイプを採用したときにはA社は4億円，B社は6億円。両社は，それぞれ新機種の販売から得られる自社の利潤をできるだけ大きくすることを目的とし，お互い話し合うことなく，また相手がどのような決定をしたかを知らずに，採用するOSを決定するものとします。このとき，両社はどちらのタイプのOSを採用したらよいでしょうか。

Ⅱ　非協力ゲームⅠ：行動決定が同時に行われる場合

◎**事例 2 - 3　視聴率競争**

テレビ放送局 A, B は，番組改編の時期にあたり「来期の夜
8 時台の新番組をドラマにするか，それともバラエティにする
か」を検討しているとします。この地域にはテレビ局はこの 2
つしかありません。A 局の方が人気があり，同じ種類の番組が
放映された場合には A 局の方に視聴者が集まるため，B 局は A
局と異なる種類の番組を放送したいと考えています。また，B
局はドラマよりもバラエティの方に実績があり，バラエティを
放映する方が視聴率を稼げるものとしておきます。

いま，A 局，B 局の番組を見る視聴者は，①A 局，B 局がと
もにドラマを放映したときには，それぞれその時間帯の視聴者
の70％，30％，②ともにバラエティを放映したときには60％，
40％，③A 局がドラマ，B 局がバラエティを放映したときには
40％，60％，④A 局がバラエティ，B 局がドラマを放映したと
きには50％，50％であろうと両局は予想しています。

A, B 両局は，自局の番組を見る視聴者の割合をできるだけ
大きくすることを目的とし，お互い話し合うことなく，また相
手がどのような決定をしたかを知らずに，ドラマにするかバラ
エティにするかを決定するとします。このとき，A 局，B 局は
それぞれドラマ，バラエティのどちらに決めればよいでしょう
か。

◎**非協力ゲーム理論の目的**

以上の 3 つの事例は，いずれも簡単にしてはありますが日常
よく見られる状況です。事例 2 - 1 の価格引き下げ競争は，身
近な例ではガソリンスタンド，ディスカウントショップの競争
などにおいてよく見受けられます。また，事例 2 - 2 のよう
に，同種の製品にいくつかの方式があり，そのうちどれを採用
するかという状況は，ここではコンピューターの OS に例を
とってありますが，古くはビデオデッキの VHS 方式とベータ方
式がそうでしたし，最近ではテレビのハイビジョン放送や携帯

電話の国際的な規格の統一などにおいて見受けられます。事例2-3の視聴率をめぐる争いが春や秋の新番組のスタート時期に必ず話題にのぼることは，読者の方々もよくご存じのことと思います。

状況はそれぞれ違いますが，共通しているのは，複数の意思決定主体がそれぞれ自らの選択肢の1つを選ぶ，そして，結果は自らの選択だけでなく相手がどのような選択を行ったかにも依存するということです。すでにI章でも述べましたが，このような状況を**ゲーム的状況**と呼ぶことにします。ここでは特に，意思決定主体が2人で，互いに話し合うことなくそれぞれ独自に，また相手がどのような選択を行ったかを知らずに，自らの選択を行うゲーム的状況です。

非協力ゲーム理論の目的は，このように各意思決定主体がそれぞれ独自に行動を決定するゲーム的状況において，それぞれがどのような選択を行えばよいか，そしてその結果どのような状態が導かれるかを，数理的に厳密に分析することです。そのためには，個々のゲーム的状況を数理的な分析が行えるような形で表現しておかなければなりません。まず，この表現から説明しましょう。

2　戦略形ゲーム

◎戦略形ゲームの3つの構成要素

ゲーム的状況において重要なのは，意思決定主体，すなわち**プレイヤー**は誰か，各プレイヤーはどのような行動の計画，すなわち**戦略**を持つのか，そして，プレイヤーがそれぞれ戦略をとったときに起こる結果について，各プレイヤーはどのような評価値，すなわち**利得**を持っているかということです。プレイヤー，戦略，利得の3つの要素によって，ゲーム的状況は表現できます。このような表現を**戦略形ゲーム表現**といい，このよ

うにして表現されたゲームを**戦略形ゲーム**といいます。

　なお，利得は，通常はプレイヤーができるだけ大きくしたいと思っている値です。本書でも，特に断らない限り，そのような状況を想定して議論を進めていきます。ただし，ケースによっては，コストなどプレイヤーができるだけ小さくしたいと思っているものを利得とすることもあります。例えば，後のコラムの囚人のジレンマの利得もそのような例の1つです。

　この後，「合理的行動」という言葉がよく出てきます。本書で**合理的**行動といったときには，他の人々がどのような行動をとってくるかをよく考えながら，自らの利得の最大化を目指して行動することを意味します。

◎価格引き下げ競争の戦略形ゲーム表現

　事例2-1の価格引き下げ競争を例にとって，これを戦略形ゲームとして表現してみましょう。まず，プレイヤーは企業 A と企業 B です。

　各プレイヤーの戦略，つまり行動の計画はどうでしょうか。事例2-1では，2人のプレイヤーは同時に，価格を「維持する」「引き下げる」の2つの選択肢のうちの1つを選びます。彼らが行動を起こすのはこの1回だけです。したがって，「維持する」「引き下げる」の2つの選択肢のどちらをとるかがそのまま戦略となり，2人のプレイヤーはそれぞれ，価格を「維持する」，価格を「引き下げる」の2つの戦略を持ちます。ここでは戦略と選択肢が同じになるのでその間の関係がわかりにくいかもしれませんが，Ⅲ章で両者の関係がはっきりします。

　最後に利得ですが，事例2-1では，両プレイヤーはそれぞれ来期の自らの利潤をできるだけ大きくすることを目的としていますから，両プレイヤーともに，利得は来期の自らの利潤となります。

　利得は結果に対するプレイヤーの評価値ですから，分析しようとする状況によって変わります。例えば，事例2-1で，企

業Aが企業Bとの利潤の差をできるだけ大きくしたいと考えているとしましょう。そのときには，企業Aの利得は自社と企業Bとの利潤の差になります。また，来期だけでなくそれ以降の期の利潤も考慮に入れるならば，利得はそれらを合わせたものとなります。この状況は，次のⅢ章で詳しく扱います。利得については本章13節で改めて議論します。

　一般に，利得は，2人のプレイヤーの戦略の組に対して各プレイヤーの利得を対応させる関数によって表現されます。この関数を**利得関数**と呼びます。事例2−1では，プレイヤーはそれぞれ「維持する」「引き下げる」の2つの戦略を持ちますから，2人のプレイヤーが戦略をとったときに生じる結果，つまり戦略の組は，（維持，維持）（維持，引き下げ）（引き下げ，維持）（引き下げ，引き下げ）の4通りあります。スペースを節約するため，「維持する」「引き下げる」を簡単に「維持」「引き下げ」と表記してあり，前がプレイヤーA，後がプレイヤーBの戦略です。これからも，戦略を簡単に「維持」および「引き下げ」と表記します。

　いま，プレイヤーAの利得関数をfで表すと，単位を1億円として，

$$f(r,s) = \begin{cases} 4 & （rが維持で，sが維持のとき） \\ 1 & （rが維持で，sが引き下げのとき） \\ 6 & （rが引き下げで，sが維持のとき） \\ 2 & （rが引き下げで，sが引き下げのとき） \end{cases}$$

となります。r, sはそれぞれプレイヤーA, Bの戦略を表しています。プレイヤーBの利得関数gは，

$$g(r,s) = \begin{cases} 4 & （rが維持で，sが維持のとき） \\ 6 & （rが維持で，sが引き下げのとき） \\ 1 & （rが引き下げで，sが維持のとき） \\ 2 & （rが引き下げで，sが引き下げのとき） \end{cases}$$

によって与えられます。gの単位も1億円です。

Ⅱ　非協力ゲームⅠ：行動決定が同時に行われる場合

表2-1　事例2-1の利得行列 (単位：億円)

A　＼　B	維　　持	引き下げ
維　　持	4，4	1，6
引 き 下 げ	6，1	2，2

◎利得行列による表現

　プレイヤーが2人の場合には，行列を用いてもっととらえやすい形で利得を表現することができます。

　いま，縦にプレイヤーAの戦略，横にプレイヤーBの戦略を並べ，行列の各要素には，行と列に対応する戦略を両プレイヤーがとったときの2人の利得を書き並べることにします。表2-1の利得の表現を見てください。

　例えば，1行1列は両社ともに「維持」という戦略をとったときのそれぞれの利得です。この場合には，両社の来期の利潤はともに4億円と見積もられていますから，1行1列には利得の組（4，4）が入っています。単位は1億円で，前がプレイヤーAの利得，後がプレイヤー Bの利得です。

　1行2列は，プレイヤーAが「維持」，Bが「引き下げ」という戦略をとったときの両プレイヤーの利得です。このとき，来期の利潤は，維持したプレイヤーは1億円，引き下げたプレイヤーは6億円と見積もられていますから，1行2列には利得の組（1，6）が入っています。2行1列，2行2列についても同様です。このような行列を**利得行列**，ないしは行列の各要素がプレイヤー Aの利得，Bの利得の2つを含んでいることから**利得双行列**と呼びます。

　利得行列のなかに，プレイヤーの名前，各プレイヤーの戦略，そして利得のすべてが含まれていますから，2人ゲームの戦略形ゲーム表現は，各プレイヤーの戦略の数が有限個の場合には，利得行列を与えておけば十分です。2人のプレイヤーの戦略の数がそれぞれm個，n個である2人戦略形ゲームを，m

×nの**双行列ゲーム**と呼ぶこともあります。事例2‐1は2×
2の双行列ゲームです。なお，戦略の数が無限個の場合の利得
の取り扱いについては，本章9節を参照してください。

それでは，戦略形ゲーム表現をもとに，各プレイヤーはどの
ような行動をとればよいかを考えていくことにしましょう。

3　戦略の支配

◎支配による戦略の比較

表2‐1の利得行列を振り返ってください。われわれがプレ
イヤーAだとしましょう。2つの戦略「維持」「引き下げ」の
うちどちらをとればよいでしょうか。このとき問題となるの
は，「相手であるプレイヤーBがやはり2つの戦略を持ってい
て，そのどちらをとってくるかがわからず，しかも相手のとっ
てくる戦略によってこちらの利得が変わってしまう」ことで
す。例えば，こちらが「維持」をとった場合，相手が「維持」
をとってくればわれわれの利得は4になりますが，相手が「引
き下げ」をとってくれば利得は1になってしまいます。

そこで，まず相手が「維持」をとってくると仮定してみま
しょう。このときには，われわれは「維持」をとれば利得は
4，「引き下げ」をとれば利得は6ですから，できるだけ大き
な利得を得るためには「引き下げ」をとった方がよいことにな
ります。

次に，相手が「引き下げ」をとってくると仮定してみましょ
う。このときには，われわれの利得は「維持」をとれば1，
「引き下げ」をとれば2ですから，できるだけ大きな利得を得
るためには，やはり「引き下げ」をとった方がよいことになり
ます。つまり，事例2‐1では，プレイヤーBがどちらの戦略
をとってくる場合にも，プレイヤーAは「引き下げ」をとって
いた方が大きな利得を得られます。

32

Ⅱ　非協力ゲームⅠ：行動決定が同時に行われる場合

表2-2　事例2-1の利得行列の変更Ⅰ
(単位：億円)

A ＼ B	維　　持	引き下げ
維　　持	4，4	2，6
引 き 下 げ	6，1	2，2

　いま，あるプレイヤーの2つの戦略をとり，これを戦略1，戦略2と名づけます。この2つの戦略に関して，相手のどの戦略に対しても，戦略1をとったときのこのプレイヤーの利得が戦略2をとったときの利得よりも大きいならば，戦略1は戦略2を**支配**するといいます。プレイヤーは利得をできるだけ大きくしたいのですから，支配される戦略よりはそれを支配する戦略を使った方がよいことは明らかでしょう。

　事例2-1では，プレイヤーAの戦略「引き下げ」は戦略「維持」を支配しますから，「引き下げ」をとればよいことになります。プレイヤーBに関しても，全く同様に戦略「引き下げ」が戦略「維持」を支配し，プレイヤーBも「引き下げ」をとればよいことになります。

　したがって，事例2-1の状況では，両プレイヤーともに「引き下げ」をとればよいという結果が得られます。

◎**弱い支配と支配される戦略の除去**

　支配について少し補足しておきましょう。表2-2の利得行列を見てください。表2-1の利得行列とよく似た利得行列です。Aが「維持」，Bが「引き下げ」をとったときのAの利得が1から2に変わっているところだけが違います。

　Aの2つの戦略「維持」と「引き下げ」を比較しますと，Bが「維持」「引き下げ」のどちらをとろうとも，Aが「引き下げ」をとったときの利得は「維持」をとったときの利得以上であり，Bが「維持」をとった場合には，Aは「引き下げ」をとった方が「維持」をとるよりも利得は大きくなります。

表 2 - 3　事例 2 - 1 の利得行列の変更 II

(単位：億円)

A ＼ B	維　　　持	引 き 下 げ
維　　　持	4 ,　4	3 ,　6
引 き 下 げ	6 ,　1	2 ,　2

　このように，あるプレイヤーの 2 つの戦略，戦略 1 と戦略 2 において，相手のどの戦略に対しても，戦略 1 をとったときの利得は戦略 2 をとったときの利得以上であり，さらに，相手の少なくとも 1 つの戦略に対しては利得が大きくなるとき，戦略 1 は戦略 2 を**弱支配**するといいます。先の支配の定義において，相手のいくつかの戦略に対しては，戦略 1 ， 2 のどちらを用いても利得が等しくなる場合です。ただし相手のすべての戦略に対して等しくなる場合は除きます。

　表 2 - 2 の利得行列では， A の「引き下げ」は「維持」を弱支配します。プレイヤーは利得を大きくしたいのですから，支配の場合と同様，弱支配される戦略をとるよりは，その戦略を弱支配する戦略をとった方がよいでしょう。

　次に，表 2 - 3 の利得行列を見てください。これも表 2 - 1 の利得行列とよく似た利得行列です。今度は， A が「維持」， B が「引き下げ」をとったときの A の利得が 3 になっています。

　この利得行列では， B が「維持」をとってくれば A は「引き下げ」をとった方が大きな利得を得られますが， B が「引き下げ」をとってくれば「維持」をとった方が大きな利得を得られますから，プレイヤー A の「維持」と「引き下げ」の間には支配の関係もありませんし，弱支配の関係もありません。したがって，プレイヤー A は自分の利得を見るだけでは，「維持」「引き下げ」のどちらをとればよいかを決められません。

　プレイヤー B はどうでしょうか。 B については，表 2 - 1 の利得行列の場合と同様「引き下げ」が「維持」を支配していま

す。したがって，Bが自分の利得をできるだけ大きくしようとするならば，「引き下げ」をとるのが彼にとって合理的な行動です。ここで，「プレイヤーBは利得の最大化を目指して合理的に行動し間違いを犯さない」と，プレイヤーAが確信しているとしましょう。もしそうであれば，プレイヤーAは，Bが「引き下げ」をとってくることを確信でき，したがって「維持」をとれば利得は3，「引き下げ」をとれば利得は2ですから，「維持」をとればよいことになります。

このように，自分の戦略の間に支配関係がなくても，相手の戦略の間に支配関係があり，かつ相手が合理的に行動し間違いを犯さないことを確信できるならば，相手の戦略のうち支配される戦略は除去したうえで，自分のとるべき戦略を考えていくことができます。支配される戦略の除去について詳しくは，梶井厚志・松井彰彦『ミクロ経済学—戦略的アプローチ』，およびギボンズ『経済学のためのゲーム理論入門』（福岡正夫・須田伸一訳）を参照してください。

4　囚人のジレンマ

表2-1の利得行列にもう一度戻ります。このゲームにおいては，2人のプレイヤーA，Bは，自分の利得をできるだけ大きくするためには，それぞれ「引き下げ」という戦略をとればよいという結果が得られました。このとき，2人の得る利得はそれぞれ2です。

ここで，表2-1の1行1列の利得を見てください。両プレイヤーがともに「維持」という戦略をとったとすれば，2人の得る利得はそれぞれ4です。2人が「引き下げ」という戦略をとったときよりも，2人とも利得は大きくなっています。つまり，2人のプレイヤーがそれぞれ自分の利得を大きくしようとして行動した結果，2人にとってもっとよい状態があるにもか

表2-4　囚人のジレンマ型ゲームの利得行列

A〲B	協　　調	裏　切　り
協　　調	a, a	b, c
裏　切　り	c, b	d, d

かわらず，それよりも悪い状態に陥ってしまいます。このようなゲームを**囚人のジレンマ型ゲーム**といいます。囚人のジレンマのもともとのストーリーについては，コラム（「囚人のジレンマのもともとのストーリーは？」）をご覧ください。

　一般に，囚人のジレンマ型ゲームとは，2人のプレイヤーがそれぞれ「協調」と「裏切り」と呼ばれる2つの戦略を持ち，利得行列が表2-4のように与えられるゲームをいいます。ただし，$c > a > d > b$ です。事例2-1では，「維持」「引き下げ」がそれぞれ「協調」「裏切り」に対応しています。$c > a$，$d > b$ ですから，どちらのプレイヤーにとっても「裏切り」は「協調」を支配します。したがって，2人のプレイヤーがそれぞれ自分の利得最大化を目指して行動すれば，（裏切り，裏切り）という状態になりますが，$a > d$ ですから，これは（協調，協調）の状態よりも両プレイヤーともに悪くなってしまいます。

　囚人のジレンマ型ゲームといった場合には，通常，$c > a > d > b$ 以外に $a > (b+c)/2$ という条件が課されます。ここでは1回限りのゲームを考えていますから関係ないのですが，この条件は，もしこのゲームを何回も繰り返して行ったときに，A が「協調」をとり B が「裏切り」をとる状態と，逆に B が「協調」をとり A が「裏切り」をとる状態を交互に繰り返したとしても，2人のプレイヤーの1回あたりの平均の利得は（協調，協調）を繰り返すときに比べて大きくならないという条件です。

　プレイヤーの数が3人以上の場合にも同じようなジレンマは起こります。多人数になった場合は，**多人数囚人のジレンマ**と

Ⅱ　非協力ゲームⅠ：行動決定が同時に行われる場合

か**社会的ジレンマ**と呼ばれています。

　囚人のジレンマは，われわれの社会でよく見られる個人と社会の関わりにおけるジレンマ的状況を簡潔にとらえています。本文中の企業間の競争もそうですし，2国間の軍備拡張競争，そして最近よく話題にのぼる環境問題もその根底に囚人のジレンマないしは社会的ジレンマの構造を持っています。

　例えば，環境問題の1つとして，二酸化炭素の排出と温室効果の問題を考えてみましょう。他国が排出規制を守っているのであれば，1国だけが生産活動のレベルを上げ二酸化炭素の排出規制を守らなかったとしても，それほど温室効果は進みませんし，その国は生産活動を高めることによりメリットを受けます。しかしながら，すべての国が同じように考えて規制を守らなければ，温室効果が進みすべての国にとって悪い状態に陥ってしまいます。

　囚人のジレンマ型ゲームにおいて，各プレイヤーの合理的な行動とプレイヤー全体にとって望ましい状態との調和をどのようにはかっていけばよいかは，ゲーム理論における大きな課題です。その1つの解決方法についてはⅢ章でふれます。

5　最適反応戦略とナッシュ均衡

◎戦略の支配，弱支配は常にあるわけではない

　次に，事例2-2の規格の統一争いを考えてみましょう。利得は新機種の販売から得られる自社の利潤ですから，利得行列は表2-6のように与えられます。

　まず，プレイヤーAの立場に立って「Xを採用」「Yを採用」のどちらの戦略をとればよいかを考えてみましょう。以下，「Xを採用」「Yを採用」を，簡単に「X」「Y」と表すことにします。

　この事例では，残念ながら，事例2-1のように戦略の支

37

配，弱支配をもとにとるべき戦略を決めることはできません。実際，プレイヤー B が「X」をとるとすれば，プレイヤー A の利得は「X」をとれば6，「Y」をとれば0ですから，「X」をとったときの方が大きくなります。一方，B が「Y」をとるとすれば，プレイヤー A の利得は「X」をとれば0，「Y」をとれば4ですから，「Y」をとったときの方が大きくなります。したがって，相手 B がとる戦略によって，プレイヤー A は自らの

COFFEE BREAK

── 囚人のジレンマのもともとのストーリーは？──

囚人のジレンマは，もともとは，ランド研究所のフラッド（M. M. Flood）とドレッシャー（M. Dresher）が行った2人ゲームの実験に，同じくランド研究所にいたタッカー（A. W. Tucker）がわかりやすいストーリーを付けたものです。その後，いくつかの変化があり，現在では大体次のようなストーリーが一般的になっています。

ある強盗事件を起こした2人の容疑者が，軽い窃盗容疑で逮捕され別々に検事の取り調べを受けています。検事は，強盗事件の方はまだ十分な証拠をつかんではいませんが，窃盗容疑については十分に起訴できる状況にあります。

検事は，2人の容疑者それぞれに，強盗事件について「黙秘する」「自白する」の2つの選択があることを伝えます。さらに，次のように伝えたとします。「もし，2人とも強盗事件について黙秘を通せば，窃盗の罪だけでそれぞれ2年の懲役刑を受ける。2人とも自白すれば，強盗の罪でそれぞれ10年の懲役刑を受ける。もし，1人だけが自白した場合には，自白した方は『共犯証言』の制度により刑を減じられ1年の懲役刑ですむが，逆に，自白しなかった方は15年のより重い懲役刑に処せられる。そして，このことはもう1人の容疑者にも伝えられている」共犯証言というのは，共犯者の1人が自発的に証言すると減刑されるというアメリカの制度です。

Ⅱ　非協力ゲームⅠ：行動決定が同時に行われる場合

表2-6　事例2-2の利得行列 (単位：億円)

A \ B	Xを採用	Yを採用
Xを採用	6, 4	0, 0
Yを採用	0, 0	4, 6

利得を大きくする戦略が変わってきてしまいます。プレイヤーBについても同様です。

表2-5　囚人のジレンマの利得行列

A \ B	黙　　秘	自　　白
黙　　秘	2年，2年	15年，1年
自　　白	1年，15年	10年，10年

　2人の容疑者それぞれに「黙秘する」「自白する」という2つの選択肢があり，自分の選択だけでなく相手の選択によって結果が変わってしまいますから，この状況は2人の容疑者の間のゲーム的状況になっています。別々に取り調べられていますから，もちろん相談することはできませんし相手がどのような行動をとったかもわかりません。

　2人の容疑者はいずれも刑に服する期間をできるだけ短くしたいと考えていますから，利得は自分が刑に服する期間で，それをできるだけ短くすることが2人の容疑者の目指すところです。2人の容疑者をA，Bとしますと，利得行列は表2-5のように与えられます。

　2人の容疑者にとって刑期はできるだけ短い方が好ましいですから，A，Bともに，「自白する」は「黙秘する」を支配します。したがって，2人の容疑者の合理的な行動はいずれも「自白する」で，合理的な行動の結果2人の刑期はともに10年になります。ともに黙秘していればお互い2年の刑ですんだにもかかわらず，それに比べてかなり長い期間刑に服することになってしまいます。

　これが，囚人のジレンマのストーリーです。

◎最適反応戦略とナッシュ均衡

　戦略の支配，弱支配を用いて戦略を決定できないとすれば，どのようにしてとるべき戦略を選べばよいでしょうか。

　もう一度，表2-6の利得行列に戻りましょう。われわれがプレイヤーAであるとし，「X」をとろうとしているとします。このとき，われわれは相手Bが「X」を選択してきそうだと考えているはずです。もし，Bが「Y」をとってきそうだと考えているならば，われわれは「Y」をとった方が大きな利得を得られますから，「Y」をとろうとするはずです。

　では，どのようなときにプレイヤーBは「X」を選択してくるでしょうか。今度はBの立場に立って考えてみましょう。Bが「X」をとるのは，彼がわれわれAが「X」を選択してくると予想しているときです。実際，われわれが「X」を選択すれば，Bは「X」を選択した方が自らの利得を大きくできますが，もし，われわれが「Y」を選択するのであれば，Bは「Y」を選択した方が大きな利得を得られます。

　したがって，Aが「X」を選択しBも「X」を選択する（X, X）という戦略の組は，Aが予想するBの戦略のもとでAの利得を最大にする戦略と，Bが予想するAの戦略が一致しており，逆に，Bが予想するAの戦略のもとでBの利得を最大にする戦略と，Aが予想するBの戦略が一致しています。

　簡単にいえば，（X, X）においては，2人のプレイヤーの戦略は，どちらも相手の戦略のもとで自らの利得を最大にする戦略になっています。このように，相手のある戦略のもとで自らの利得を最大にする戦略を，その戦略に対する**最適反応戦略**と呼びます。

　（X, X）のように，お互いのとる戦略がそれぞれ相手の戦略に対する最適反応戦略になっている戦略の組を，この概念を最初に考えたナッシュの名前をとって**ナッシュ均衡**と呼びます。「お互いが相手の選択してくる戦略を予想しながら自らの

II 非協力ゲームＩ：行動決定が同時に行われる場合

戦略を選択するのであれば，均衡においては予想と選択は整合的になっていなければならず，したがって，選択される戦略の組はそれぞれが相手の戦略に対する最適反応戦略になっているものでなければならない」というのがナッシュ均衡の考え方です。

これに対して，相手の戦略に対する最適反応戦略を用いていないプレイヤーが１人でもいる状態は，ナッシュ均衡ではありません。例えば，表２−６の利得行列において，戦略の組 (X, Y) を考えてみますと，B が「Y」をとるとき，A の利得は「X」をとれば０，「Y」をとれば４ですから，A の戦略「X」は B の戦略「Y」に対する最適反応戦略になっていません。したがって，(X, Y) はナッシュ均衡ではありません。この戦略の組では，B の戦略「Y」も A の戦略「X」に対する最適反応戦略になっていません。同様に (Y, X) もナッシュ均衡ではありません。

もう１つの戦略の組 (Y, Y) は，それぞれの戦略が相手の戦略に対する最適反応戦略になっていますからナッシュ均衡です。したがって，事例２−２においては２つのナッシュ均衡が存在します。

表２−１の利得行列では（引き下げ，引き下げ），表２−２の利得行列では，（維持，引き下げ）と（引き下げ，引き下げ），表２−３の利得行列では（維持，引き下げ）がナッシュ均衡です。

◎狭義ナッシュ均衡

表２−６の利得行列をもう一度見てください。ナッシュ均衡の戦略の組 (X, X) において，プレイヤー A の戦略 X は B の戦略 X に対する最適反応戦略であるだけでなく，ただ１つの最適反応戦略になっています。逆に，プレイヤー B の戦略 X も A の戦略 X に対するただ１つの最適反応戦略です。このように，ナッシュ均衡を構成する各戦略が相手の戦略に対するただ

1つの最適反応戦略になっているとき，このナッシュ均衡を特に**狭義ナッシュ均衡**といいます。(Y, Y) も狭義ナッシュ均衡ですし，表2−1の利得行列における（引き下げ，引き下げ），表2−3の利得行列における（維持，引き下げ）も狭義ナッシュ均衡です。

しかしながら，表2−2における2つのナッシュ均衡（維持，引き下げ），（引き下げ，引き下げ）においては，プレイヤーBの「引き下げ」に対して，Aは「維持」をとろうと「引き下げ」をとろうと利得は2で変わりませんから，「維持」「引き下げ」が2つとも最適反応戦略になります。最適反応戦略がただ1つに定まりませんから，この2つのナッシュ均衡は狭義ナッシュ均衡ではありません。狭義ナッシュ均衡はⅦ章でもう一度扱いますので頭に留めておいてください。

◎ナッシュ均衡はどのようにして実現されるのか？

ナッシュ均衡の考え方は，経済学をはじめ社会学，政治学などの社会科学の諸分野から生物学，情報科学，経営工学，社会工学，オペレーションズ・リサーチなどの理工学の諸分野に至るまで広く用いられており，競争的状況の分析はナッシュ均衡なしには語れないといっても過言ではありません。しかしながら，プレイヤーがそれぞれ独自に戦略を決定するときに，どのようにしてナッシュ均衡を構成する戦略を選択するのかという問題は，ゲーム理論における大きな課題として残っています。

上に述べたように，プレイヤーがお互い相手のとる戦略を予想して行動するならば，お互いの予想と実際にとる戦略が整合的になるのはナッシュ均衡しかありません。したがって，お互いがこのように考え，そしてナッシュ均衡がただ1つしかなければ，2人のプレイヤーはそれぞれナッシュ均衡の戦略をとると考えてもよいかもしれません。

しかしながら，事例2−2のようにナッシュ均衡が (X, X) (Y, Y) の2通りある場合にはどうでしょうか。もし，2人

のプレイヤーが頭に描くナッシュ均衡が違っていれば，ナッシュ均衡ではない戦略の組が実現してしまいます。例えば，プレイヤーAは最初のナッシュ均衡を考えて「X」を，そしてプレイヤーBは後のナッシュ均衡を考えて「Y」をとったとすれば，結果として起こるのは（X, Y）というナッシュ均衡ではない状態です。

　ナッシュ均衡がどのようにして実現されるかについては，現在様々な角度から研究が進められています。その1つである進化論的ゲーム理論からのアプローチについては，後にⅦ章でふれます。

6　戦略の支配とナッシュ均衡

◎支配戦略の組とナッシュ均衡

　ここで，もう一度事例2-1に戻りましょう。事例2-1では戦略の支配を使って，2人のプレイヤーともに「引き下げ」という戦略をとればよいという結論が得られました。その結果得られた戦略の組（引き下げ，引き下げ）は，前節で述べたようにナッシュ均衡になっており，それ以外の戦略の組はどれもナッシュ均衡にはなっていません。したがって，事例2-1においては（引き下げ，引き下げ）がただ1つのナッシュ均衡です。さらに狭義のナッシュ均衡でもあります。

　いま，あるプレイヤーの戦略で彼の他の戦略をすべて支配するものを，そのプレイヤーの**支配戦略**といいます。事例2-1では，戦略は2つしかありませんから，プレイヤーAについては「引き下げ」が支配戦略ですし，プレイヤーBについても「引き下げ」が支配戦略です。そして，2人のプレイヤーの支配戦略の組（引き下げ，引き下げ）はただ1つのナッシュ均衡であり，狭義ナッシュ均衡でもありました。

　このことは，この例だけではなく一般に成り立ちます。すな

43

わち,「2人戦略形ゲームにおいて,2人のプレイヤーのそれぞれに支配戦略があったとすれば,支配戦略の組はただ1つのナッシュ均衡であり,狭義ナッシュ均衡である」という事実が成り立ちます。

　実際,支配戦略は,他の戦略をすべて支配しますから相手のどのような戦略に対してもただ1つの最適反応戦略になります。したがって,支配戦略の組は狭義ナッシュ均衡になります。また,支配される戦略は,それを支配する戦略があるということですから,相手のどのような戦略に対しても最適反応戦略になることはなく,ナッシュ均衡に含まれることはありません。事例2-1においても,支配される戦略である「維持」はナッシュ均衡に含まれていませんでした。したがって,支配戦略の組はただ1つのナッシュ均衡であり,狭義ナッシュ均衡になります。

◎弱支配戦略の組とナッシュ均衡

　あるプレイヤーの戦略で彼の他の戦略をすべて弱支配するものを,そのプレイヤーの**弱支配戦略**といいます。弱支配戦略の組,弱支配戦略と支配戦略の組がナッシュ均衡になることも容易に確かめられます。

　しかしながら,弱支配戦略の組,弱支配戦略と支配戦略の組は,ただ1つのナッシュ均衡になるとは限りませんし,狭義ナッシュ均衡になるとも限りません。実際,表2-2の利得行列において,Aの弱支配戦略とBの支配戦略の組である(引き下げ,引き下げ)はナッシュ均衡にはなっていますが,前節で述べたように,ただ1つのナッシュ均衡ではありませんし,狭義ナッシュ均衡でもありません。

◎支配される戦略,弱支配される戦略とナッシュ均衡

　上で述べたように,支配される戦略がナッシュ均衡に含まれることはありませんから,支配される戦略を除いて分析を進めることは,ゲームの構造を簡単にするうえでも,またナッシュ

II　非協力ゲームⅠ：行動決定が同時に行われる場合

均衡を求めるうえでも有用です。

　しかしながら，表2-2の利得行列におけるように，弱支配
される戦略はナッシュ均衡に含まれることがあります。実際，
この利得行列において，（維持，引き下げ）という戦略の組は
ナッシュ均衡ですが，プレイヤーAの「維持」は「引き下げ」
によって弱支配されます。合理的なプレイヤーでしたら弱支配
される戦略は使わないでしょうから，このような弱支配される
戦略を含むナッシュ均衡は決して合理的な均衡とはいえませ
ん。このゲームにおいては，もう1つの（引き下げ，引き下
げ）が合理的なナッシュ均衡といえます。

7　混合戦略

◎ナッシュ均衡が存在しない場合もある

　次に事例2-3を考えましょう。各放送局の利得は自局の番
組を見る視聴者の割合で与えられますから，利得行列は表2-
7のようになります。

　どの戦略の組がナッシュ均衡になっているでしょうか。ま
ず，（ドラマ，ドラマ）という戦略の組を考えます。前がプレ
イヤーAの戦略，後がプレイヤーBの戦略です。プレイヤーA
の「ドラマ」はBの「ドラマ」に対する最適反応戦略になって
いますが，Aが「ドラマ」を放映した場合には，Bは「ドラ
マ」を放映すれば利得は3で，「バラエティ」を放映すれば利
得は6ですから，Bの「ドラマ」はAの「ドラマ」に対する最
適反応戦略になっていません。したがって，（ドラマ，ドラ
マ）という戦略の組はナッシュ均衡ではありません。

　次に，（ドラマ，バラエティ）という戦略の組では，今度は
Aの「ドラマ」がBの「バラエティ」に対する最適反応戦略に
なっていません。以下，同様にして，（バラエティ，ドラマ）
ではAの戦略が，また，（バラエティ，バラエティ）ではBの

45

表 2 - 7　事例 2 - 3 の利得行列（単位：10%）

A \ B	ド ラ マ	バラエティ
ド ラ マ	7, 3	4, 6
バラエティ	5, 5	6, 4

戦略が相手の戦略に対する最適反応戦略になっておらず，この事例 2 - 3 ではナッシュ均衡は存在しません。

◎**混合戦略を導入する**

そこで，混合戦略という考え方を導入します。**混合戦略**とは，確率1/2で「ドラマ」を放映し，確率1/2で「バラエティ」を放映するというように，戦略を確率的に混合して用いる行動決定の方法です。例えば，表と裏がそれぞれ1/2の確率で出るコインを投げて，表が出れば「ドラマ」を放映し，裏が出れば「バラエティ」を放映するというような形で，この混合戦略を実行することができます。

混合戦略に対して，これまで単に戦略と呼んできたものをこれからは**純粋戦略**と呼ぶことにします。純粋戦略は，その戦略に確率 1 を与え，その他のすべての戦略に確率 0 を与える混合戦略と考えることもできます。混合戦略は，もともとは，後でお話しする 2 人ゼロ和ゲームを解決するためにフォン・ノイマンによって考え出された概念です。

事例 2 - 3 では，プレイヤー A の純粋戦略は「ドラマ」「バラエティ」の 2 つですから，「ドラマ」を放映する確率を p とすると「バラエティ」を放映する確率は $1-p$ になります。もちろん $0 \leq p \leq 1$ です。したがって，混合戦略は $\boldsymbol{p} = (p, 1-p)$，$0 \leq p \leq 1$，と表されます。$p=1$ であれば「ドラマ」を放映するという純粋戦略，$p=0$ であれば「バラエティ」を放映するという純粋戦略です。同様にして，プレイヤー B の混合戦略を $\boldsymbol{q} = (q, 1-q)$，$0 \leq q \leq 1$，と表します。$q$ が「ドラマ」を放映する確率，$1-q$ が「バラエティ」を放映する確率です。

Ⅱ　非協力ゲームⅠ：行動決定が同時に行われる場合

　混合戦略を用いた場合には，これまでのように１つの結果に定まるのではなく，いくつかの結果がある確率によって生じます。したがって，利得も１つの定まった値ではなく期待値で評価することになります。利得の期待値を**期待利得**と呼びます。

　プレイヤー A が $p = (p, 1-p)$，$0 \leq p \leq 1$，という混合戦略を，プレイヤー B が $q = (q, 1-q)$，$0 \leq q \leq 1$，という混合戦略をとったときには，A が「ドラマ」をとる確率が p，B が「ドラマ」をとる確率が q ですから，（ドラマ，ドラマ）という戦略の組が現れる確率は pq です。同様にして，（ドラマ，バラエティ），（バラエティ，ドラマ），（バラエティ，バラエティ）という戦略の組は，それぞれ $p(1-q)$，$(1-p)q$，$(1-p)(1-q)$ の確率で現れます。したがって，プレイヤー A の期待利得は，

$$7 \times pq + 4 \times p(1-q) + 5 \times (1-p)q + 6 \times (1-p)(1-q)$$
$$= 4pq - 2p - q + 6$$

プレイヤー B の期待利得は，

$$3 \times pq + 6 \times p(1-q) + 5 \times (1-p)q + 4 \times (1-p)(1-q)$$
$$= -4pq + 2p + q + 4$$

で与えられます。

◎**ナッシュ均衡は必ず存在する**

　混合戦略まで考えたときにも，ナッシュ均衡は純粋戦略の場合と同じように定義できます。混合戦略の組 (p, q) において，それぞれの混合戦略が相手の混合戦略の最適反応戦略になっているとき，つまり，プレイヤー B の混合戦略 q のもとで p がプレイヤー A の期待利得を最大にする混合戦略になっており，逆に，p のもとで q がプレイヤー B の期待利得を最大にする混合戦略になっているとき，この混合戦略の組 (p, q) を**（混合戦略まで考えたときの）ナッシュ均衡**といいます。

　また，ナッシュ均衡 (p, q) において，それぞれの混合戦略が相手の混合戦略に対するただ１つの最適反応戦略になっているときに，(p, q) を**（混合戦略まで考えたときの）狭義ナッ**

シュ均衡といいます。

混合戦略まで考えたときにはナッシュ均衡は必ず存在します。重要な定理ですので正確に述べておきますと,「2人のプレイヤーがそれぞれ有限個の純粋戦略を持つ2人戦略形ゲームにおいては,混合戦略まで考えれば必ず少なくとも1つナッシュ均衡が存在する」という定理です。なお,ナッシュは,プレイヤーの数が2人の場合だけでなく,3人以上の場合も含めてナッシュ均衡の存在を証明しています。本章12節を参照してください。

事例2-3でも,混合戦略まで考えればナッシュ均衡が存在します。次節でナッシュ均衡を実際に求めてみましょう。

8　ナッシュ均衡の求め方

◎最適反応戦略を求める

前節ですでに述べたように,事例2-3において,プレイヤー A が $\boldsymbol{p} = (p, 1-p)$, $0 \leq p \leq 1$, プレイヤー B が $\boldsymbol{q} = (q, 1-q)$, $0 \leq q \leq 1$, という混合戦略を用いたときの,A, B の期待利得はそれぞれ,

$$4pq - 2p - q + 6, \quad -4pq + 2p + q + 4$$

で与えられます。ナッシュ均衡においては2人の戦略がともに相手の戦略に対する最適反応戦略になっているという性質を用いて,事例2-3のナッシュ均衡を求めてみましょう。

まず,B の混合戦略 $\boldsymbol{q} = (q, 1-q)$ が与えられたときの A の最適反応戦略 $\boldsymbol{p} = (p, 1-p)$ を求めます。いま,A の期待利得 $4pq - 2p - q + 6$ のうち,A が自分で決定できるのは p だけです。したがって,A ができることは,与えられた q のもとで,p を動かして期待利得 $4pq - 2p - q + 6$ を最大化することです。そこで,A の期待利得を p でまとめて,

$$4pq - 2p - q + 6 = p(4q - 2) - q + 6$$

と変形します。

いま、p にかかっている係数 $4q-2$ が正であれば、つまり、B が「ドラマ」を放映する確率 q が $1/2$ よりも大きい場合には、p をできるだけ大きくすることにより A は自らの期待利得を最大化できます。$0 \leq p \leq 1$ ですから p の最大値は 1 です。したがって、p を 1 とする混合戦略つまり「ドラマ」を放映するという純粋戦略が、A の最適反応戦略になります。

逆に、$4q-2$ が負であれば、p をできるだけ小さくすることにより A の期待利得を最大化できます。したがって、p を 0 とする混合戦略、つまり「バラエティ」を放映するという純粋戦略が最適反応戦略です。

もし $4q-2$ が 0 であれば、A の期待利得は $-q+6$ で p には全く依存しなくなりますから、どのような p でも、つまりどのような混合戦略でも最適反応戦略になります。以上の結果は次のようにまとめられます。

B の混合戦略	A の最適反応戦略
$4q-2>0 (q>1/2) \longrightarrow$	$p=1$、すなわち純粋戦略「ドラマ」
$4q-2<0 (q<1/2) \longrightarrow$	$p=0$、すなわち純粋戦略「バラエティ」
$4q-2=0 (q=1/2) \longrightarrow$	すべての p、すなわちすべての混合戦略

次に、A の混合戦略 $\boldsymbol{p}=(p, 1-p)$ が与えられたときの B の最適反応戦略 $\boldsymbol{q}=(q, 1-q)$ を求めます。いま、B の期待利得 $-4pq+2p+q+4$ を B がコントロールできる q でまとめて、

$$-4pq+2p+q+4 = q(-4p+1)+2p+4$$

と変形します。上と同様、q にかかっている係数 $-4p+1$ の符号の正負で A の最適反応戦略は変わってきます。まとめると次ページのようになります。

図2-1 2人のプレイヤーの最適反応戦略の動き

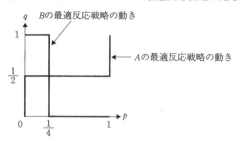

Aの混合戦略	Bの最適反応戦略
$-4p+1>0 (p<1/4)$ ⟶	$q=1$, すなわち純粋戦略「ドラマ」
$-4p+1<0 (p>1/4)$ ⟶	$q=0$, すなわち純粋戦略「バラエティ」
$-4p+1=0 (p=1/4)$ ⟶	すべての q, すなわちすべての混合戦略

◎ナッシュ均衡は最適反応戦略の組

ナッシュ均衡を求めるには、上の2つの最適反応戦略を組み合わせて、プレイヤーA, Bがお互いに相手の戦略に対する最適反応戦略を用いているような戦略の組を求めればよいのですが、図2-1を用いると、このような戦略の組を簡単に求められます。横軸にはAが「ドラマ」を放映する確率 p, 縦軸にはBが「ドラマ」を放映する確率 q をとってあります。

図2-1の太い折れ線は、それぞれ p の値に対するプレイヤーBの最適反応戦略の動き、および q の値に対するプレイヤーAの最適反応戦略の動きを示しています。例えば、Aの最適反応戦略を見ますと、$q<1/2$ のときには $p=0$ ですから、太線は **q軸**上にあり、$q>1/2$ のときには $p=1$ ですから、太線は直線 $p=1$ の上にあります。$q=1/2$ のときにはすべての p が最適反応戦略となりますから、直線 $q=1/2$ の $p=0$ から $p=1$ までの部分がすべて太線になります。プレイヤーBについても同様です。

ナッシュ均衡は，互いに相手の戦略に対する最適反応戦略になるような戦略の組ですから，2つの折れ線が交わる$p=1/4$，$q=1/2$で実現されます。$1-p=3/4$，$1-q=1/2$ですから，プレイヤーAの混合戦略（1/4, 3/4）とプレイヤーBの混合戦略（1/2, 1/2）の組，$((1/4,\ 3/4),\ (1/2,\ 1/2))$がナッシュ均衡です。

実際，$q=1/2$すなわちBの混合戦略（1/2, 1/2）に対しては，$0\leq p\leq 1$となるすべての混合戦略（$p, 1-p$）がAの最適反応戦略になりますから，$p=1/4$であるAの混合戦略（1/4, 3/4）も，Bの混合戦略（1/2, 1/2）に対するAの最適反応戦略の1つです。逆に，$p=1/4$すなわちAの混合戦略（1/4, 3/4）に対しては，$0\leq q\leq 1$となるすべての混合戦略（$q, 1-q$）がBの最適反応戦略になりますから，$q=1/2$であるBの混合戦略（1/2, 1/2）もAの混合戦略（1/4, 3/4）に対するBの最適反応戦略の1つです。したがって，戦略の組$((1/4,\ 3/4),\ (1/2,\ 1/2))$は，お互い相手の戦略の最適反応戦略になっていますから，ナッシュ均衡です。2つの折れ線の交点はこれ以外にはありませんから$((1/4,\ 3/4),\ (1/2,\ 1/2))$はただ1つのナッシュ均衡です。

◎混合戦略を含むナッシュ均衡と狭義ナッシュ均衡

ここで，混合戦略のナッシュ均衡について1つ重要なことを注意しておきます。上で述べたように，Bの混合戦略（1/2, 1/2）に対しては，ナッシュ均衡を構成する混合戦略（1/4, 3/4）だけでなく，$0\leq p\leq 1$となるすべての混合戦略（$p, 1-p$），すなわち純粋戦略「ドラマ」「バラエティ」，そしてどのような混合戦略もAの最適反応戦略になります。

つまり，Aの（1/4, 3/4）はBの（1/2, 1/2）に対するただ1つの最適反応戦略にはなっていません。したがって，$((1/4,\ 3/4),\ (1/2,\ 1/2))$は狭義ナッシュ均衡ではありません。

C O F F E E   B R E A K

──フォン・ノイマンはナッシュ均衡がキライ？──

いまでこそ，「ゲーム理論といえばナッシュ均衡」といわれるほど，ナッシュ均衡は，社会科学そして理工学の諸分野において必要不可欠な概念となっています。しかし，フォン・ノイマンはこの概念をそれほど好んではいなかったようです。

ワイントラウブ（E. R. Weintraub）がまとめた*Towards a History of Game Theory*に所収のシュービック（M. Shubik）の論文 "Game Theory at Princeton, 1949-1955: A Personal Reminiscence" に，次のような記述があります。

「私（シュービック）が，ニューヨークからプリンストンに向かう列車の中で，『ナッシュの非協力均衡の理論は，経済学への応用において大きな価値のあるものではないでしょうか』と聞いたとき，彼（フォン・ノイマン）は，『私は，ナッシュ均衡をそれほど好ましいとは思わない，協力ゲームの方が社会現象を扱ううえでより意義深いものだと思う』と答えた」

ただ，同じ論文の中でシュービックは，タッカーから「フォン・ノイマンが協力ゲームの解であるシャープレイ値に対してもナッシュ均衡に対するのと同じ反応を示した」と聞いたという話も載せており，フォン・ノイマンは，「社会現象を扱う際の『解』というものは『集合』として与えられるべきであり『一点』で与えられる解は十分なものではない」と考えていたのではないか，とも述べています。

確かに，フォン・ノイマンがモルゲンシュテルンとともに考えた「解」は，集合として与えられるものですし，システム全体を考えたうえでの安定性を目指したものでした。それに比べると，「ナッシュ均衡」は1つの結果が安定であるかどうかを与えているにすぎないとフォン・ノイマンは思ったのかもしれません。シャープレイ値およびフォン・ノイマンとモルゲンシュテルンの解については，Ⅵ章の7節と8節を参照してください。

Ⅱ　非協力ゲームⅠ：行動決定が同時に行われる場合

　なお、B の $(1/2, 1/2)$ も A の $(1/4, 3/4)$ に対するただ1つの最適反応戦略になっていません。一般に、少なくとも1人のプレイヤーの戦略が2つ以上の純粋戦略を正の確率で用いる混合戦略となるナッシュ均衡は、狭義ナッシュ均衡にはなりません。このことは、Ⅶ章で再び扱いますので頭に留めておいてください。

　この章の終わりに練習問題として与えておきますので、事例2-1、事例2-2の混合戦略まで考えたときのナッシュ均衡も求めてください。これらのナッシュ均衡を求めればおわかりになるように、純粋戦略の範囲でナッシュ均衡である戦略の組は、混合戦略まで考えた場合にも必ずナッシュ均衡になります。また、もし2人のプレイヤーそれぞれに（純粋戦略における）支配戦略があれば、その組は混合戦略まで考えた場合にもただ1つのナッシュ均衡であり、狭義ナッシュ均衡になります。

　ここで、これまで学んできた理論の経済学への応用例として、2企業間の競争を扱った複占市場を取り上げ、その戦略形ゲームによる分析を紹介しましょう。なおこの事例は、これまでと違って各プレイヤーが無限個の純粋戦略を持つゲームです。

9　ナッシュ均衡の応用例：クールノーの複占市場

◎事例2-4　クールノーの複占市場

　2つの企業 A、B が同じ製品を生産し、市場で販売しているとします。企業 A、B がそれぞれ x 単位、y 単位の製品を市場に売りに出したとき、需要と供給が一致しこの製品 $x+y$ 単位がすべて売りきれる価格 p は、一般に総供給量 $x+y$ が増えれば下がります。ここでは、議論を簡単にするために、価格 p は $p = a - (x+y)$ で表されるものとします。a は正の値で、最も高い価格のレベルを表す定数です。$x+y$ が a を超える場合には価

格 p は 0 であるとします。

また、企業 A, B が製品を生産するには費用がかかりますが、簡単化のために、製品 1 単位の生産に要する費用は両企業とも同じであるとし、c で表すことにします。$c > 0$ で、x 単位の生産に要する費用は cx です。さらに $a > c$ としておきます。もし $a \leq c$ であれば、1 単位の生産費用が最高価格以上になりますから生産する意味がありません。

企業 A, B は、それぞれの利潤の最大化を目指して製品の生産量を決めます。もちろん、相談することなくそれぞれが独自に決定します。なお、在庫は考えないものとし、生産した製品はすべて販売するものとします。このとき、企業 A, B は生産量をどのように決めるのが合理的でしょうか。

このような生産量の決定をめぐる 2 企業間の競争は、クールノー (A. A. Cournot) によって分析されたもので、**クールノーの複占市場**と呼ばれて現在の産業組織論の基礎をなすものとなっています。

◎クールノーの複占市場の戦略形ゲームによる表現

この複占市場を、戦略形ゲームを用いて分析してみましょう。まず、プレイヤーは企業 A と企業 B です。

次に戦略ですが、企業 A, B の戦略はともに製品の生産量です。もちろん 0 以上で、最大値はこの企業の生産能力で決まってきます。以下では、議論を簡単にするために、両企業ともにいくらでも生産できるものとし、A, B ともに戦略は 0 以上の実数としておきます。

最後に、両企業は利潤最大を目的としていますから、利得は自社の利潤です。したがって、企業 A, 企業 B の生産量がそれぞれ x, y であるときの企業 A の利得は、利得関数を f として、$x + y > a$ であれば価格は 0 ですから、

$x + y > a$ であれば $f(x, y) = -cx$

$x + y \leq a$ であれば $f(x, y) = (a - (x + y))x - cx$

で与えられます。$(a-(x+y))x$ は売り上げで，cx は生産に要した費用です。同様に，企業 B の利得関数を g とすると，生産量がそれぞれ x，y であるときの B の利得は次のように与えられます。

$x+y>a$ であれば $g(x, y)=-cy$

$x+y\leq a$ であれば $g(x, y)=(a-(x+y))y-cy$

◎クールノーの複占市場のナッシュ均衡

この戦略形ゲームのナッシュ均衡を求めてみましょう。まず，B の生産量 y が与えられたときの A の最適反応戦略 x を求めます。$y>a$ のときには，A の利得は $x>0$ であれば負で，$x=0$ であればゼロですから，A の最適反応戦略は $x=0$ でそのときの利潤はゼロです。

次に，$y\leq a$ と仮定します。いま，$x+y>a$ となる x に対しては A の利潤は負ですから，$x+y\leq a$ となる x だけを考えておけば十分です。このとき，A の利得は，

$$f(x, y)=(a-(x+y))x-cx=-x^2+(a-c-y)x$$
$$=-(x-(a-c-y)/2)^2+((a-c-y)/2)^2$$

と変形できます。y を一定の値にとどめて，これを x の関数と見れば，$x=(a-c-y)/2$ で最大値をとる 2 次関数です。戦略（生産量）は 0 以上の実数ですから，$(a-c-y)/2\geq 0$ であればこれが最適反応戦略です。いま，$x+y\leq a$，つまり $x\leq a-y$ となる x を考えていますが，$y\leq a$ ですから $x=(a-c-y)/2$ が $a-y$ より小さくなることは容易に確かめられます。また，$(a-c-y)/2<0$ のときには，$x\geq 0$ であれば x が増えるにつれ $f(x, y)$ は減少しますから最適反応戦略は $x=0$ です。まとめると，最適反応戦略 x は，

$(a-c-y)/2\geq 0$（$y\leq a-c$）のときには，$x=(a-c-y)/2$

$(a-c-y)/2<0$（$y>a-c$）のときには，$x=0$

によって与えられます。同様に，A の生産量に対する B の最適反応戦略 y は，

55

図2-2 クールノーの複占市場のナッシュ均衡

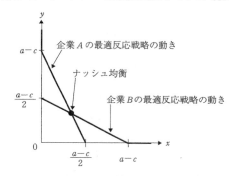

$(a-c-x)/2 \geq 0$ $(x \leq a-c)$ のときには，$y=(a-c-x)/2$
$(a-c-x)/2 < 0$ $(x > a-c)$ のときには，$y=0$
です。

両企業の最適反応戦略の動きを図示したのが，図2-2です。最適反応戦略の動きを表す2つの直線 $y=(a-c-x)/2$ と $x=(a-c-y)/2$ は，ただ1点 $((a-c)/3,\ (a-c)/3)$ で交わります。したがって，ナッシュ均衡における両企業の生産量はともに $(a-c)/3$ 単位で，市場には合わせて $2(a-c)/3$ 単位の製品が供給されます。価格は $a-2(a-c)/3=(a+2c)/3$ です。両企業のナッシュ均衡における利潤は，$(a-c)^2/9$ です。

クールノーの複占市場におけるナッシュ均衡は，そこに行き着く考え方は異なりますが，クールノー自身がすでにこの複占市場の均衡として考えていたものと一致しており，**クールノー・ナッシュ均衡**とも呼ばれます。

◎**結合利潤の最大化とクールノー・ナッシュ均衡**

もし，2つの企業が話し合って両社の利潤の和を最大化するとしたら，最適な生産量はどうなるでしょうか。両社合わせた生産量を x とすると，2つの企業の利潤を合わせた結合利潤は $(a-x)x-cx$ です。したがって，最適な生産量は $x=(a-c)/2$，

Ⅱ　非協力ゲームⅠ：行動決定が同時に行われる場合

そのときの結合利潤は$(a-c)^2/4$です。

　クールノー・ナッシュ均衡における両社の生産量の和は$2(a-c)/3$で，利潤の和は$2(a-c)^2/9$でした。したがって，結合利潤最大化の場合に比べ，クールノー・ナッシュ均衡においては，両企業の競争によって過剰生産になり利潤が低下していることがわかります。生産量が増加していますから製品の価格は低くなります。したがって，企業間の競争は消費者には好ましい結果をもたらすことがわかります。

　以上でナッシュ均衡の説明を終え，次にゲーム理論の出発点ともいうべきミニマックス定理の説明に移ることにしましょう。まず，マックスミニ戦略の説明から始めます。

10　マックスミニ戦略

◎事例2-3の純粋戦略におけるマックスミニ戦略

　事例2-3を使って説明します。表2-7の利得行列を振り返ってください。マックスミニ戦略の基本的な考え方は，「相手がどの戦略をとってくるかわからないので，自分の戦略それぞれについて，それをとったときの自分にとって最も悪い状態を考えておこう」というものです。

　まず，プレイヤーAの立場に立ってみますと，「ドラマ」を放映した場合には，プレイヤーBが「ドラマ」を放映してくれば利得は7，「バラエティ」を放映してくれば利得は4ですから，Aにとって最も悪い状態，つまり最も小さな利得はBが「バラエティ」を放映してきたときの4です。一方，「バラエティ」を放映したときの最も悪い状態は，Bが「ドラマ」を放映してきたときの利得5です。したがって，プレイヤーBがたとえAにとって最も好ましくない戦略をとってきたとしても，Aは「バラエティ」を放映することにより利得5を確保できます。

57

プレイヤーAの「バラエティ」を放映するという戦略のように、最悪の状態つまり最小の利得の中で、最善な状態つまり最大の利得を与えるものを、（純粋戦略における）**マックスミニ戦略**といい、マックスミニ戦略を用いたときに最悪でも確保できる利得の値、事例2-3のプレイヤーAにおいては5を（純粋戦略における）**マックスミニ値**といいます。

　マックスミニというのは、まず各戦略について利得の最小値（ミニ）をとり、それらのなかの最大値（マックス）をとるということを数式で書くと max(min...) となるところからきています。

　プレイヤーBについては、「ドラマ」を放映したときの最悪の状態は、Aが「ドラマ」を放映したときで利得は3、「バラエティ」を放映したときの最悪の状態は、Aが「バラエティ」を放映したときで利得は4になります。4の方が3より大きいですから、プレイヤーBのマックスミニ戦略は「バラエティ」を放映することであり、マックスミニ値は4です。

　したがって、2人のプレイヤーがともにマックスミニ戦略をとれば、（バラエティ、バラエティ）という戦略の組が実現します。これがナッシュ均衡でないことはすでに本章の7節で見たとおりです。

◎混合戦略まで考えたマックスミニ戦略

　次に、混合戦略まで考えたうえでマックスミニ戦略を求めてみましょう。プレイヤーAから始めます。まず、プレイヤーA、Bの混合戦略を、それぞれ$\boldsymbol{p}=(p,1-p)$，$0\leq p\leq 1$，$\boldsymbol{q}=(q,1-q)$，$0\leq q\leq 1$とします。p，qはそれぞれA、Bが「ドラマ」を放映する確率であり、$1-p,1-q$はそれぞれA、Bが「バラエティ」を放映する確率です。このとき、プレイヤーAの期待利得は、7節ですでに述べたように$4pq-2p-q+6$です。

　プレイヤーAが、pを1つの値に決めたときに、最悪の状態

II 非協力ゲーム I：行動決定が同時に行われる場合

図 2-3 事例 2-3 の 2 人のプレイヤーのマックスミニ戦略

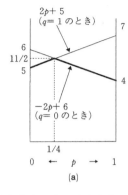
(a)

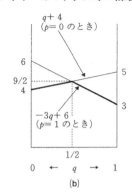
(b)

はどうなるか，すなわち q のどのような値に対して期待利得が最小となるかを考えます。そこで，q でまとめますと，

$$4pq - 2p - q + 6 = q(4p - 1) - 2p + 6$$

となります。したがって，①$4p - 1$ が正，p が 1/4 を超えていれば，q が最も小さいときつまり $q = 0$ であるときに期待利得は最も小さくなり，最小値は $-2p + 6$，②$4p - 1$ が負，したがって p が 1/4 よりも小さければ，q が最も大きいときつまり $q = 1$ であるときに期待利得は最も小さくなり，最小値は $2p + 5$，③$4p - 1$ がゼロ，したがって p が 1/4 に等しければ，q の値にかかわらず期待利得は 11/2 で一定，となります。

p を 0 から 1 まで動かしたときの最小値の動きを表したのが，図 2-3 (a) の太線です。プレイヤー A は，この最小値をできるだけ大きくするように p を決めたいのですから，図 2-3 (a) から明らかなように，$-2p + 6$ と $2p + 5$ との交点つまり $p = 1/4$ とすればよいことになります。

プレイヤー B についても同様です。まず，7 節で述べたプレイヤー B の期待利得 $-4pq + 2p + q + 4$ を p でまとめると，

$$-4pq + 2p + q + 4 = p(-4q + 2) + q + 4$$

となります。したがって、①$-4q+2$ が正であれば、$p=0$ であるときに期待利得は最も小さくなり最小値は $q+4$、②$-4q+2$ が負であれば、$p=1$ であるときに期待利得は最も小さくなり最小値は $-3q+6$、③$-4q+2$ がゼロ、したがって $q=1/2$ であれば、期待利得は p の値にかかわらず一定で 9/2、となります。

q を 0 から 1 まで動かしたときの最小値の動きを表したのが、図 2-3(b)の太線です。プレイヤー B は、この最小値をできるだけ大きくするように q を決めたいのですから、図 2-3(b)で明らかなように、$q=1/2$ とすればよいことになります。

したがって、プレイヤー A のマックスミニ戦略は（1/4, 3/4）でマックスミニ値は 11/2、プレイヤー B のマックスミニ戦略は（1/2, 1/2）でマックスミニ値は 9/2 となります。章末の練習問題にしておきますので、事例 2-1、2-2 の混合戦略まで考えたときの 2 人のプレイヤーのマックスミニ戦略を求めてみてください。

ここで、8 節で求めた事例 2-3 のナッシュ均衡を振り返ってください。事例 2-3 のマックスミニ戦略の組はナッシュ均衡になっています。これは、偶然ではなく一般に成り立つ事柄で、フォン・ノイマンによるミニマックス定理から導かれます。節を改めて詳しく説明しましょう。

11　2人定和ゲームとミニマックス定理

◎定和ゲームとゼロ和ゲーム

事例 2-3 では、2 人のプレイヤーのマックスミニ戦略の組がナッシュ均衡になりました。これは、事例 2-3 の利得行列が特殊な構造をしていることに依存しています。表 2-7 の利得行列をもう一度よく見てください。全部で 4 つある純粋戦略の組それぞれにおいて、プレイヤー A とプレイヤー B の利得を

II　非協力ゲームI：行動決定が同時に行われる場合

**表2-8　事例2-3のゼロ和ゲーム
としての表現**　（単位：10％）

A＼B	ド ラ マ	バラエティ
ド ラ マ	2，−2	−1，1
バラエティ	0，0	1，−1

加えるとすべて10（単位が10％ですから実際には100％）で一定になっています。このように，どの純粋戦略の組においても2人のプレイヤーの利得の和が一定の値になるゲームを，**2人定和ゲーム**といいます。

　この事例2-3は2つの放送局がそれぞれの番組を見る視聴者の割合を競いあう状況ですから，2人のプレイヤーの利得，つまりそれぞれの番組を見る視聴者の割合の和は，どのような純粋戦略の組においても一定の値100％になることは明らかでしょう。表2-1，表2-6の利得行列を見ていただければわかるように，事例2-1や事例2-2は定和ゲームではありません。このようなゲームは**非定和ゲーム**と呼ばれます。

　新聞や雑誌などで「ゼロ和」とか「ゼロサム」という言葉を目にすることも多いと思います。実は，これらの言葉は，ゲーム理論においてプレイヤーの利得の和が常にゼロになるゲームを**ゼロ和ゲーム**と呼んだことからきたものです。ゼロ和ゲームと定和ゲームとは，利得を測る際の基準点が異なるだけで，数学的な構造は全く同じです。例えば，事例2-3においても，2つの放送局で視聴者をちょうど半々に分けあう50％，50％の状態を基準にして，それより何％多いかないしは何％少ないかという50％からの過不足の分を利得とすれば，表2-8の利得行列のようにゼロ和ゲームとして表現できます。

◎ミニマックス定理

　議論が簡単になりますので，ミニマックス定理については，ゼロ和ゲームを用いて解説していきます。ゼロ和ゲームでは，

表2-9　表2-8の利得行列のプレイヤーA
　　　　の利得のみによる表現　（単位：10%）

A ＼ B	ドラマ	バラエティ
ドラマ	2	− 1
バラエティ	0	1

　2人のプレイヤーの利得の和がゼロですから，プレイヤーBの
利得はプレイヤーAの利得の符号を変えたものです。したがっ
て，ゼロ和ゲームは，表2-9のようにプレイヤーAの利得だ
けを書いておけば表現できます。このように利得行列の各要素
がただ1つの要素で表現できるため，ゼロ和ゲームのことを**行
列ゲーム**と呼ぶこともあります。

　ゼロ和ゲームでは，プレイヤーBにとっての最小の利得，最
大の利得を，もしプレイヤーAの利得で考えれば，それぞれプ
レイヤーAの最大の利得，最小の利得になります。ですから，
プレイヤーBのマックスミニ戦略は，プレイヤーAの最大の利
得を考え，そのなかでプレイヤーAの最小の利得を与える戦略
になり，$\min(\max\ldots)$ ゆえ**ミニマックス戦略**と呼ばれることも
あります。プレイヤーBがミニマックス戦略をとったときのA
の利得を，**ミニマックス値**と呼びます。

　マックスミニ値は，プレイヤーAが最低でも確保できる彼の
利得であり，ミニマックス値はプレイヤーBが最高でもここま
でに抑えられるプレイヤーAの利得ですから，一般に，マック
スミニ値がミニマックス値を上回ることはありません。

　表2-9の利得行列で確かめてみましょう。プレイヤーAは，
「ドラマ」をとったときには利得の最小値は−1で，「バラエ
ティ」をとったときには0ですから，（純粋戦略における）A
のマックスミニ戦略は「バラエティ」で，マックスミニ値は0
です。一方，プレイヤーBは，「ドラマ」をとればAの利得の
最大値は2，「バラエティ」をとればAの利得の最大値は1で

すから，（純粋戦略における）Bのミニマックス戦略は「バラエティ」で，ミニマックス値は1です。したがって，ミニマックス値の方がマックスミニ値よりも大きくなっています。

実は，混合戦略まで考えればこの2つの値は常に等しくなるというのが，フォン・ノイマンによって証明された**ミニマックス定理**です。これもゲーム理論における重要な定理ですので，正確に述べておきますと，「2人のプレイヤーがそれぞれ有限個の純粋戦略を持つ2人ゼロ和ゲームにおいては，混合戦略まで考えれば，マックスミニ値とミニマックス値は一致する」という定理です。

定和ゲームの言葉でいえば，「2人のプレイヤーがそれぞれ有限個の純粋戦略を持つ2人定和ゲームにおいて，2人のプレイヤーの利得の和がcであるとき，混合戦略まで考えれば，2人のプレイヤーのマックスミニ値を加えたものもやはりcとなる」となります。10節で，事例2-3のマックスミニ値が11/2と9/2であったことを思い出してください。和は確かに10になります。

本書では説明の順序が逆になっていますが，ゲーム理論の発展の歴史からいいますと，まず2人ゼロ和ゲームにおけるミニマックス定理がフォン・ノイマンによって証明され，その後ナッシュが非ゼロ和ゲームも含めた一般の戦略形ゲームにおいてナッシュ均衡を定義しその存在を証明した，という順になっています。

事例2-3では，2人のプレイヤーのマックスミニ戦略の組がナッシュ均衡になっていましたが，この性質は2人定和ゲームにおいて一般に成り立ちます。その証明にはミニマックス定理が重要な役割を果たします。したがって，2人定和ゲームにおいては，「各戦略をとったときの最小の利得を比較し，そのなかで最大の利得を与える戦略をとる」という行動を2人のプレイヤーがとったとき，ナッシュ均衡が実現されます。

定和ゲームでは，相手の利得を下げることは自らの利得を上げることになります。これが，マックスミニ戦略によってナッシュ均衡が導かれる基本的な理由です。しかしながら，非定和ゲームにおいては，相手の利得を下げることは自らの利得を上げることにはつながりませんから，マックスミニ戦略によってナッシュ均衡が実現されるとは限りません。

例えば，章末の練習問題を解いていただければわかるように，事例2 - 2のマックスミニ戦略は，プレイヤーAは（2/5，3/5），プレイヤーBは（3/5，2/5）となります。一方，事例2 - 2のナッシュ均衡は，（X，X），（Y，Y）と（（3/5，2/5），（2/5，3/5））の3つですから，マックスミニ戦略の組はナッシュ均衡にはなりません。なお，事例2 - 1は，非定和ゲームですがマックスミニ戦略の組がナッシュ均衡になる特殊なケースになっています。2人ゼロ和ゲームのマックスミニ戦略とナッシュ均衡について詳しくは，岡田章『ゲーム理論』を参照してください。

12 多人数戦略形ゲーム

これまではプレイヤーの数が2人の場合のみを扱ってきましたが，プレイヤーの数が3人以上になっても，その戦略形ゲーム表現，戦略の支配，弱支配およびナッシュ均衡の考え方は，2人ゲームの場合と基本的には同じです。

戦略形ゲーム表現は，利得行列の代わりに利得関数を用いるだけで，あとは2人ゲームの場合と同様です。

戦略の支配，弱支配とナッシュ均衡の定義も，2人ゲームの場合と同様です。以下では，スペースを省略するため，単に「戦略」と書きますが，純粋戦略だけを考えるときには「純粋戦略」と，また混合戦略まで考えるときには「混合戦略」と読みかえてください。なお，2人ゲームの説明では，支配，弱支

Ⅱ　非協力ゲームⅠ：行動決定が同時に行われる場合

配は純粋戦略の範囲のみで考えました。しかしながら、以下の定義からわかるように利得を期待利得と読みかえれば、混合戦略まで考えた場合にも定義できることを注意してください。

いま、あるプレイヤーの2つの戦略をとり、戦略1、戦略2と名づけます。他のプレイヤーたちがとるどのような戦略の組に対しても、戦略1のもとでのこのプレイヤーの利得が戦略2のもとでの利得よりも大きいとき、戦略1は戦略2を**支配**するといいます。

また、他のプレイヤーたちがとるどのような戦略の組に対しても、戦略1をとったときの利得が戦略2をとったときの利得以上であり、さらに、他のプレイヤーたちがとる少なくとも1つの戦略の組に対しては、戦略1をとったときの利得が戦略2をとったときの利得よりも大きくなるとき、戦略1は戦略2を**弱支配**するといいます。

さらに、すべてのプレイヤーの戦略を1つずつとった戦略の組において、どのプレイヤーの戦略も、自分以外のプレイヤーたちの戦略の組のもとで彼自身の利得を最大にするものになっている、つまり自分以外のプレイヤーたちの戦略の組に対する最適反応戦略になっているとき、この戦略の組を**ナッシュ均衡**といいます。特に、すべてのプレイヤーの戦略が他のプレイヤーたちの戦略の組に対するただ1つの最適反応戦略になっているときには、**狭義ナッシュ均衡**といいます。

3人以上の場合を含めた有限人のプレイヤーからなる戦略形ゲームにおいて、「各プレイヤーが有限個の純粋戦略を持つ場合には、混合戦略まで考えれば必ず少なくとも1つのナッシュ均衡が存在する」というナッシュ均衡の存在定理がナッシュによって証明されています。

13 利得と期待効用

　最後に，利得についての注意を与えて本章を終わりましょう。

　本章で扱ってきた事例のうち，事例2-1，2-2，2-3，2-4においては，利得は利潤，視聴率などすべて数字で測れるもので，プレイヤーはそれらの数値そのもので結果を評価していました。

　しかしながら，結果に対する評価を必ずこのような数値で測れるでしょうか。例えば，次の事例2-5を見てください。この例は，ゲーム理論に古くからあるもので英語では battle of the sexes と呼ばれています。様々な日本語訳がありますが，本書では**男女のジレンマ**と呼びます。

◎事例2-5 男女のジレンマ

　A君は，ガールフレンドのBさんとデートの約束をしていたのですが，A君の好きなサッカーに行くかBさんの好きな映画に行くかを決めていませんでした。ある事情から連絡をとることができなくなり，2人は別々にどちらに行くかを決めなければならなくなりました。A君はできればサッカーに，Bさんはできれば映画に行きたいと思っており，別々の場所に行ってしまうことは2人とも避けたいと思っています。

　この男女のジレンマは，よく表2-10のような利得行列で表現されます。この利得行列の利得の値は，結果に対する各プレイヤーの好ましさを表す数値です。以下，好ましさのことを**効用**と呼びます。A君は，2人でサッカーに行くことを最も好んでいますから最も大きな2という値，次いで2人で映画に行くことに1という値を与えています。Bさんは，逆に2人で映画に行くことに最大の2という値，2人でサッカーに行くことに1という値を与えています。2人が異なった場所に行くことは

Ⅱ　非協力ゲームⅠ：行動決定が同時に行われる場合

表2-10　男女のジレンマの利得行列

A ＼ B	サッカー	映　　画
サ ッ カ ー	2 , 1	0 , 0
映　　　画	0 , 0	1 , 2

2人とも最も好ましくないと考えていますから，0という最も小さな値を与えています。

　これらの数値は，単に好ましさの順序を表しているだけではありません。実際，もし，この状況でA君はどちらに行くか決断がつかず，コインで決めることにしたとします。コインの表と裏がそれぞれ1/2の確率で出るものとすれば，これは，「サッカー」を1/2，「映画」を1/2の確率で選ぶ混合戦略になります。Bさんがもし「サッカー」を選ぶとすれば，A君の期待利得は$2 \times (1/2) + 0 \times (1/2) = 1$になります。この値は，2人が映画に行ったときのA君の利得と同じです。したがって，A君が「サッカー」を1/2，「映画」を1/2の確率で選ぶ混合戦略をとってBさんが「サッカー」を選んだときのA君の効用は，2人がともに「映画」という選択肢を選んだときの彼の効用と同じになります。

　このように期待値をとるという操作を含んだうえで，人間の効用を整合的に数値で表すことができるでしょうか。フォン・ノイマンとモルゲンシュテルンは，これが可能であることを示しました。彼らが導いた，数値で表されしかも期待値をとることが意味を持つ効用は，**フォン・ノイマン―モルゲンシュテルン効用**（vN-M効用）と呼ばれ，現在，ゲーム理論に限らず，不確実な状況における意思決定問題の分析には欠くことのできないものとなっています。

　ゲーム理論における利得の値は，結果に対して各プレイヤーが持っているvN-M効用の値です。事例2-5の利得はそうです。事例2-1，2-2，2-3，2-4は，効用が利潤や視聴率

67

の値そのものによって表されているケースです。vN-M 効用について詳しくは，岡田章『ゲーム理論』を参照してください。

練習問題

1　事例 2-1 および事例 2-2 について，混合戦略まで考えたときのナッシュ均衡とそのときの利得，およびプレイヤー A，B のマックスミニ戦略，マックスミニ値を求めなさい。

2　2 人の事業家 A さんと B さんが共同で事業を行い 100 万円の儲けを得たのですが，これを 2 人の間でどのように分けあうかについてなかなか話し合いがつきませんでした。そこで 2 人の共通の友人である C さんに相談に行ったところ，「もう話し合いはやめ，2 人が欲しい金額（ただし 100 万円以内）を別々に紙に書いてこの場で私に提出しなさい。もしその金額の合計が 100 万円以内であれば，それぞれ紙に書いた金額を得て残りを福祉団体に寄付し，もし金額の合計が 100 万円を超えていれば，2 人とも何も得ずに 100 万円全額を福祉団体に寄付してはどうでしょうか」という方法を提案されました。これまでに話し合いのつかなかった 2 人は，C さんの提案を受け入れることにしました。

さて，2 人はそれぞれどれだけの金額を書いて提出すればよいでしょうか。この状況を戦略形ゲームとして表現し，純粋戦略でのナッシュ均衡をすべて求めなさい。

III
非協力ゲームⅡ：
行動決定が時間をおいて行われる場合

●行動決定が時間をおいて行われるというのは，プレイヤーのうちの誰かが行動を先に決定して，その結果を知った上で他のプレイヤーが決定する場合や，同時決定が何回も繰り返して行われる場合などです。

●このような状況は，行動決定の場とそこにおける選択肢を順に木の形で与える展開形ゲームとして表現されます。

●展開形ゲームの代表的な解は，行動決定の場においてそれぞれのプレイヤーが合理的な決定を行う部分ゲーム完全均衡です。

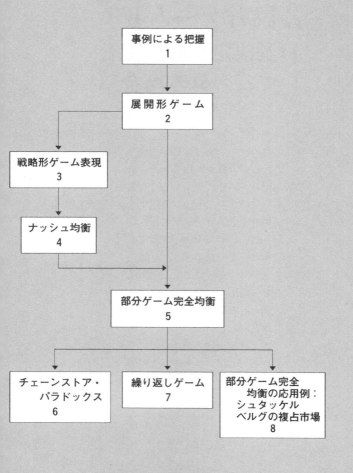

Ⅲ　非協力ゲームⅡ：行動決定が時間をおいて行われる場合

　この章では，プレイヤーの行動決定が時間をおいて行われて
いく状況を考えます。例えば，一方のプレイヤーが先に決定し
て，その結果を知ったうえでもう一方のプレイヤーが決定する
場合や，同時決定が何回も繰り返して行われる場合などが対象
となります。このような場合には，各プレイヤーの行動決定が
どのような順序で行われていくのか，各プレイヤーがそれまで
起こってきたことに関してどの程度の情報を持っているのかな
ど，Ⅱ章では扱わなかった新しい問題が現れてきます。これら
の問題をどのようにとらえ，分析すればよいかということを中
心に，いくつかの事例をもとに解説していくことにします。

　この章の議論の進め方ですが，まず，5つの事例を挙げま
す。これらの例を参照しながら，行動決定が時間の経過ととも
に行われていく状況を表現する，展開形ゲームと呼ばれる表現
を説明します。次いで，展開形ゲームにおいては，ナッシュ均
衡がプレイヤーの合理性を必ずしも反映しない場合のあること
を示します。そして，このナッシュ均衡の問題点を克服するた
めの1つの方法についてお話しします。さらに，同じゲームが
繰り返される状況についても解説します。最後に，経済学への
応用例として，シュタッケルベルグの複占市場の展開形ゲーム
を用いた分析を紹介してこの章を終わります。

　なお，この章でも，議論を簡単にするために2人ゲームを考
えていきますが，3人以上のゲームにおいても，2人ゲームと
同じような形で分析することができます。

1　事例による把握

◎事例3-1　価格引き下げ競争における先導者と追従者

　Ⅱ章の事例2-1（価格引き下げ競争）において，来期の価
格について，A社がまず今期の価格を維持するかそれともそれ
よりも引き下げるかを発表し，それを知ったうえでB社が今期

71

の価格を来期も維持するか引き下げるかを決定するとします。A社が先導者として行動しB社が追従者として行動する状況です。ここでも，お互いに話し合うことなく価格を決定するものとします。この状況で，A社，B社はそれぞれ価格の維持，引き下げのどちらを選択したらよいでしょうか。

また，事例2-2において，メーカーAが先に決定しその結果を知ったうえでメーカーBが決定する状況ではどうでしょうか。また，事例2-3で，放送局Aが先に決定しその結果を知ったうえで放送局Bが決定する状況ではどうでしょうか。それぞれ，以下では事例3-2，事例3-3と呼びます。

さらに，本章では新しく次の2つの例を考えます。

◎事例3-4　参入と参入阻止

B社は，現在A社が独占的に製品を販売している地域において，同種の製品を売り出すかどうかを検討しているとします。もしB社がこの地域に参入しなければ，A社は現在の利潤5億円を引き続き得ることができます。もちろんB社はこの地域からは何も得られません。B社が参入した場合には，A社のとる行動には，価格引き下げなどの対抗手段でB社の参入を阻止するか，ないしはB社と共存をはかるかの2つがあると予想されています。A社が参入を阻止してきた場合には両社ともにダメージを被り，A社は1億円の利潤をあげられますが，B社は2億円の損失を被ってしまうと考えられています。また，A社が共存をはかった場合にはA社の利潤は3億円，B社の利潤は2億円になると考えられています。

両社ともにこの地域から得られる利潤の最大化を目指して行動するとき，B社はこの地域に参入した方がよいでしょうか。また，もしB社が参入してきた場合，A社は参入阻止，共存のどちらの行動をとればよいでしょうか。

◎事例3-5　多期間にわたる価格引き下げ競争

事例2-1の価格引き下げ競争において，A，B両社が来期

だけでなくその次の期まで考えて行動するとします。両社は，2つの期の利潤の合計ができるだけ大きくなるように，2つの期それぞれの価格を今期と同じレベルにするかそれよりも引き下げるかを決定します。各期の両社の利潤は，事例2－1に与えたものと同じであるとします。ただし，両社は，お互いの来期の価格のレベルを知ったうえで，来期の最後にその次の期の価格のレベルを決めるものとします。A, B両社は来期およびその次の期の価格の水準をどのように決めたらよいでしょうか。期間の数がより多くなった場合はどうでしょうか。

◎事例に共通する問題点

　これらの事例も，簡単にしてはありますがわれわれの社会においてよく見られる状況です。事例3－1，3－2，3－3の先導者と追従者の関係は，1社が先行して価格，規格などを決め，他の企業がそれに追随するという形で，様々な産業で見られる現象ですし，事例3－4は，新たなスーパーマーケットの開店の際の既存の店舗との競争が典型的な現象でしょう。また，事例3－5は，ガソリンスタンド，ディスカウントショップなどの毎日，毎週ないしは毎月の価格設定の競争を思い浮かべていただければよいかと思います。

　互いに話し合うことなくそれぞれの選択肢の1つを選び，結果が自分の選択だけでなく相手がどのような選択を行ったかにも依存するという点では，Ⅱ章のゲーム的状況と同じですが，1つ大きく異なる点は，時間の流れとともに間隔をおいて行動決定が行われていくということです。

　ゲーム理論では，このような状況を「木」の形で表現します。まず，この表現から説明していくことにしましょう。

2　展開形ゲーム

◎ゲームの木による表現

　ゲーム理論では，時間の流れとともに行動決定が行われていく状況を，行動決定が行われる場所を「点」で，行動決定の場での選択肢を点から伸びる「枝」で表現します。このような表現を**展開形ゲーム表現**ないしは**ゲームの木による表現**といい，このように表現されたゲームを**展開形ゲーム**といいます。

◎事例3-1の展開形ゲームによる表現

　事例3-1を展開形ゲームとして表現してみましょう。図3-1(a)を参照しながら説明していきます。時間の流れを左から右へとってあります。事例3-1では，まず，プレイヤーA（企業A）が価格を「維持」するか，「引き下げ」るかを決めます。したがって，一番左にこのAの行動決定の点をとります。選択肢は「維持」「引き下げ」の2つですから，この点からは2つの枝が出ます。枝には選択肢の名前を書いておきます。

　Aの選択が終わった後に，プレイヤーBが，やはり「維持」「引き下げ」の2つの選択肢のうちの1つを選びます。Bの行動決定は1回だけですが，行動決定を行う状況は2種類あります。1つはプレイヤーAが「維持」を選んだ場合であり，いま1つは「引き下げ」を選んだ場合です。先ほどのプレイヤーAの「維持」「引き下げ」の2本の枝の後ろの2つの点が，Bの行動決定を表す点です。プレイヤーBの選択肢は「維持」「引き下げ」の2つですから，この2点からそれぞれ「維持」「引き下げ」の2つの枝が出ます。このBの決定で，2人のプレイヤーの行動決定は終了します。

　枝の最後には，それぞれの結果に対する2人のプレイヤーの利得を並べます。利得の値については，II章1節の事例2-1

Ⅲ 非協力ゲームⅡ:行動決定が時間をおいて行われる場合

図3-1 事例3-1の展開形ゲーム

(単位:億円)

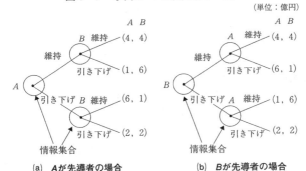

(a) **A が先導者の場合**　　(b) **B が先導者の場合**

を思い出してください。

一番上は,Aが「維持」Bも「維持」をとったときですから,2人ともに利得は4億円になります。したがって,単位を億円として,利得の組 (4, 4) が入っています。前がA,後がBの利得です。2番目の,Aが「維持」Bが「引き下げ」のときは,A,Bの利得はそれぞれ1億円,6億円になりますから,(1, 6) が入っています。以下,3番目の (6, 1),4番目の (2, 2) も同様です。

最後に,各プレイヤーの行動決定の場を円で表します。プレイヤーAの行動決定の場は一番左の点1つだけです。この点がAの決定の点であることを表すために,この点を円で囲みAと書いておきます。次に,プレイヤーBですが,BはAがどちらを選んだかを知ったうえで決定しますので,Aが「維持」を選んだときの決定,Aが「引き下げ」を選んだときの決定と,2つの状況に分けて「維持」を選ぶか「引き下げ」を選ぶかを決定することができます。したがって,プレイヤーBの行動決定の場は2つ存在します。上にBと書いた2つの円です。

この円は,行動決定を行う際の各プレイヤーの情報の状態を表しているともいえます。プレイヤーBの2つの円は,Bの2

75

つの行動決定の点を分離していますが，分離していることで，プレイヤーBがこの2つの点を区別できることを表します。上の点は，プレイヤーAが「維持」を選択したときに到達する点，下の点は「引き下げ」を選択したときに到達する点ですから，このことは，プレイヤーBは，プレイヤーAが「維持」を選択したか「引き下げ」を選択したかを知ったうえで自らの決定を行うことを表します。この円，正確には円によって囲まれる点の集まりのことを**情報集合**と呼びます。

以上で，事例3-1が展開形ゲームとして表現されたことになります。もう一度まとめておきますと，展開形ゲームは，各プレイヤーが行動決定を行う「点」，選択肢を表す点から伸びる「枝」，プレイヤーの行動決定の場ないしはプレイヤーの情報の状態を表す「情報集合」を，ゲームの開始から終了まで時間の経過とともに記述し，そして，ゲームの終了時における各プレイヤーの「利得」を枝の最後に書き入れたものです。事例3-2，3-3の展開形ゲームも図3-1(a)と同様です。選択肢の名前と右端の利得が異なるだけです。

なお，事例3-1において，もしプレイヤーBが先導者でAが追従者であったとすれば，展開形ゲームは図3-1(b)のようになります。

次に，Ⅱ章で分析した同時決定の状況は，どのような展開形ゲームとして表現されるかを説明しておきましょう。

◎同時決定の場合の展開形ゲーム表現

事例2-1の価格引き下げ競争を例にとって説明します。同時決定の場合には，展開形ゲームとして表現しなくても，Ⅱ章で行ったように直接戦略形ゲームを用いて分析できます。しかしながら，同時決定が繰り返されたり，同時決定の場合と時間をおいて決定が行われる場合が混在したりするような状況もありますので，同時決定を展開形ゲームとして表現しておく必要があります。

Ⅲ 非協力ゲームⅡ：行動決定が時間をおいて行われる場合

図3-2 事例2-1（同時決定）の場合の展開形ゲーム

(単位：億円)

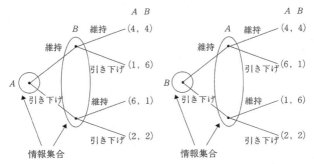

(a) **A**を先に書いた場合　　(b) **B**を先に書いた場合

Ⅱ章の最初に述べたように，簡単化のために「同時」と書いてはいますが，重要な点は，行動決定を行う時点でお互いに相手の決定を知らずに自分の行動を決定するということです。そこで，便宜的に，図3-1(a)と同じようにプレイヤー*A*が先に決定するようにゲームの木を書きます。図3-2(a)を見てください。図3-1(a)との違いは，すぐに気づかれるでしょうが，*B*に関する情報集合です。図3-1(a)では，2つの点が2つの円で分離されていましたが，ここでは1つの楕円で囲まれています。2つの点が1つの情報集合に含まれていますから，これは，プレイヤー*B*が行動決定を行うときにこの2点を識別できないこと，つまり，*A*が「維持」を選択したのかそれとも「引き下げ」を選択したのかを知らずに自らの行動決定を行うことを表します。

*B*の情報集合をこのように描くことにより，同時決定の状況が展開形ゲームとして表現されます。もちろん，図3-2(b)のように*B*を先に書いて同時決定を表現することもできます。

3　戦略形ゲーム表現

◎プレイヤーの戦略

　事例3-1の展開形ゲーム（図3-1(a)）をもう一度図3-3として書いておきます。この図3-3を参照しながら，ナッシュ均衡を用いて2人のプレイヤーの行動を分析しましょう。展開形ゲームのまま分析を進めることもできるのですが，議論を簡単にするために，まず戦略形ゲームに直したうえでナッシュ均衡を求め，その後このナッシュ均衡を展開形ゲームに戻って再考するという道筋で議論を進めます。

　II章2節で述べたように，戦略形ゲームの構成要素はプレイヤー，純粋戦略，利得の3つです。まず，プレイヤーは企業Aと企業Bです。次に純粋戦略ですが，戦略とはII章2節で述べたように行動の計画です。つまり，各行動決定の場でどの選択肢をとるかを決めることが純粋戦略です。Aの行動決定の場は1つしかありませんから，同社の純粋戦略は「維持」「引き下げ」の2つです。Bについては行動決定の場が2つあります。Aが「維持」をとった場合と「引き下げ」をとった場合です。実際にはこのどちらか一方が起こるのですが，行動の計画を立てる際には，Aが「維持」をとった場合，「引き下げ」をとった場合の2つに分けて考えることができます。

　したがって，Bの純粋戦略には，①Aが「維持」をとった場合には「維持」をとり，Aが「引き下げ」をとった場合にも「維持」をとる，②Aが「維持」をとった場合には「維持」をとり，Aが「引き下げ」をとった場合には「引き下げ」をとる，③Aが「維持」をとった場合には「引き下げ」をとり，Aが「引き下げ」をとった場合には「維持」をとる，④Aが「維持」をとった場合には「引き下げ」をとり，Aが「引き下げ」をとった場合にも「引き下げ」をとる，の4通りがあります。

Ⅲ 非協力ゲームⅡ：行動決定が時間をおいて行われる場合

図3-3　事例3-1において*A*が先導者の場合の展開形ゲーム
(単位：億円)

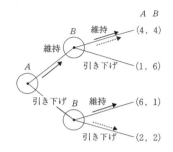

それぞれの戦略を「維持－維持」「維持－引き下げ」「引き下げ－維持」「引き下げ－引き下げ」と表すことにします。「－」の前の「維持」「引き下げ」が，*A*が「維持」をとったとき，つまり図3-3の上の情報集合における*B*の選択，後の「維持」「引き下げ」が，*A*が「引き下げ」をとったとき，つまり図3-3の下の情報集合における*B*の選択を表します。

この*B*の純粋戦略を見れば，Ⅱ章でははっきりしなかった「選択肢」と「戦略」との違いがわかります。

◎利得行列による表現

利得行列は表3-1のように与えられます。行列の各要素の値がどのようにして与えられるかを説明しましょう。まず，*A*が「維持」，*B*が「維持－維持」をとったときの両者の利得を求めます。両プレイヤーの純粋戦略を，図3-3において矢印（→）で示してあります。この純粋戦略のもとでゲームがどのように動いていくかを見てみましょう。

まず，*A*が「維持」をとりますから，矢印に従って*B*の上の情報集合に到達します。*B*の「維持－維持」は，上の情報集合で「維持」をとり下の情報集合でも「維持」をとるという戦略ですから，上の情報集合において矢印に従ってさらに上の枝に進み，利得の組（4, 4）で終了します。したがって，利得行列

表3-1 事例3-1の利得行列（A社が先導者の場合）

（単位：億円）

A＼B	維持－維持	維持－ 引き下げ	引き下げ－ 維持	引き下げ－ 引き下げ
維　　持	4，4	4，4	1，6	1，6
引き下げ	6，1	2，2	6，1	2，2

の1行1列には（4, 4）が入っています。もう一度まとめてお
きますと，Aが「維持」，Bが「維持－維持」という純粋戦略
を用いたときには，まずAが選択肢「維持」をとり，その後B
が選択肢「維持」をとってゲームは終了します。このように
ゲームが実際に動く筋道を，**プレイ**ないしは**パス**と呼びます。

次に，Aが「維持」，Bが「維持－引き下げ」という純粋戦
略をとったときを考えます。図3-3において，このBの純粋戦
略を点線の矢印（··▸）で示してあります。このときも，Aは
「維持」をとりますからBの上の情報集合に到達し，ここでB
は「維持」をとりますから，プレイはAが選択肢「維持」を
とってその後Bが選択肢「維持」をとると進みます。このとき
の利得の組は（4, 4）です。したがって，利得行列の1行2列
にも（4, 4）が入ります。

Bはすべての起こりうる行動決定の場を想定して戦略を立て
ますが，Aが「維持」をとったときには，下の情報集合における
Bの行動計画が「維持」「引き下げ」のどちらであっても，結
果には影響を及ぼしません。上の情報集合での「維持」という
行動計画だけによって結果が決まってきます。

Bが純粋戦略「引き下げ－維持」ないしは「引き下げ－引き
下げ」をとったときも同様です。Bは上の情報集合では選択肢
「引き下げ」をとりますから，プレイは，Aが選択肢「維持」
をとってその後Bが選択肢「引き下げ」をとると進み，利得
の組は（1, 6）です。下の情報集合における行動計画は結果に
は影響を及ぼしません。したがって，利得行列の1行3列と1

80

行4列には（1，6）が入ります。

　次に，Aが戦略「引き下げ」をとった場合を考えましょう。
この場合には，Aは下の枝に進み，Bの下の情報集合に到達し
ます。したがって，Bの下の情報集合での選択によって結果が
決まります。いま，Bが純粋戦略「維持－維持」ないしは「引
き下げ－維持」をとっているときには，Bは下の情報集合で選
択肢「維持」をとりますから，プレイはAが選択肢「引き下
げ」をとってその後Bが選択肢「維持」をとると進みます。
利得の組は（6，1）です。したがって，利得行列の2行1列お
よび2行3列には（6，1）が入ります。

　Bが「維持－引き下げ」ないしは「引き下げ－引き下げ」を
とった場合には，下の情報集合で選択肢「引き下げ」をとりま
すから利得の組は（2，2）になり，利得行列の2行2列および
2行4列には（2，2）が入ります。

4　ナッシュ均衡

◎事例3-1のナッシュ均衡

　表3-1の利得行列をもとに，事例3-1のナッシュ均衡を求
めましょう。

　まず，プレイヤーAの純粋戦略「維持」を考えます。Aの
「維持」に対して，Bは「維持－維持」「維持－引き下げ」をと
れば利得は4，「引き下げ－維持」「引き下げ－引き下げ」をと
れば利得は6ですから，Bの最適反応戦略は「引き下げ－維
持」および「引き下げ－引き下げ」です。

　一方，Bの「引き下げ－維持」に対しては，Aは「維持」を
とれば利得は1，「引き下げ」をとれば利得は6ですから，A
の最適反応戦略は「引き下げ」です。同様に，Bの「引き下げ
－引き下げ」に対するAの最適反応戦略も「引き下げ」になり
ますから，Aが「維持」をとるようなナッシュ均衡は存在し

ません。

　次に，A の「引き下げ」に対する B の最適反応戦略は，利得 2 を与える「維持－引き下げ」と「引き下げ－引き下げ」です。「維持－引き下げ」に対する A の最適反応は「維持」であり，「引き下げ－引き下げ」に対する A の最適反応は「引き下げ」ですから，A，B 両者の純粋戦略が互いに相手の戦略の最適反応戦略になるのは（引き下げ，引き下げ－引き下げ）だけになります。

　したがって，これが純粋戦略におけるただ 1 つのナッシュ均衡です。ナッシュ均衡におけるプレイにおいては，まず A が選択肢「引き下げ」をとり，その後 B も選択肢「引き下げ」をとって，両プレイヤーはともに利得 2 を得ます。以下，ナッシュ均衡におけるプレイを，**均衡プレイ** と呼びます。

　この章で考える事例では，ほとんどの場合純粋戦略でナッシュ均衡が存在しますので，議論を簡単にするために，しばらくの間純粋戦略の範囲だけで話を進めていくことにします。展開形ゲームにおける混合戦略については，次の 5 節の最後に説明します。

　なお，Ⅱ章 6 節で述べたように，支配される純粋戦略がナッシュ均衡に含まれることはありません。事例 3-1 では，プレイヤー B の「維持－維持」は「引き下げ－引き下げ」に支配されますから，ナッシュ均衡を求める際に，プレイヤー B の「維持－維持」を除去した 2 行 3 列の利得行列を考えておいても差し支えありません。

◎事例 3-2 のナッシュ均衡

　次に，事例 3-2 の A が先導者，B が追従者のときのナッシュ均衡を求めてみましょう。このときの展開形ゲームおよび戦略形ゲームは，図 3-4，表 3-2 のようになります。Ⅱ章 5 節と同様に，X を採用，Y を採用を，単に X，Y と書きます。戦略形ゲームにおける純粋戦略の表記は，事例 3-1 の場合と

Ⅲ 非協力ゲームⅡ：行動決定が時間をおいて行われる場合

図3-4 事例3-2の展開形ゲーム (単位：億円)

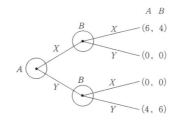

表3-2 事例3-2の戦略形ゲーム
(単位：億円)

B A	$X-X$	$X-Y$	$Y-X$	$Y-Y$
X	6, 4	6, 4	0, 0	0, 0
Y	0, 0	4, 6	0, 0	4, 6

同様です。例えば、Bの「$X-Y$」は、上の情報集合でXをとり、下の情報集合ではYをとる純粋戦略です。

Aの純粋戦略「X」に対するBの最適反応戦略は、利得4を与える2つの純粋戦略「$X-X$」「$X-Y$」です。逆に、この2つに対するAの最適反応戦略は「X」ですから、$(X, X-X)$ $(X, X-Y)$の2つの戦略の組はいずれもナッシュ均衡になります。次に、Aが「Y」をとったときを考えると、Bの最適反応戦略は利得6を与える2つの純粋戦略「$X-Y$」「$Y-Y$」です。この2つに対するAの最適反応戦略は、それぞれ「X」「Y」ですから、$(Y, Y-Y)$のみがナッシュ均衡になります。したがって、このゲームには、$(X, X-X)(X, X-Y)(Y, Y-Y)$の3つのナッシュ均衡が存在します。

なお、事例3-3のナッシュ均衡、事例3-1、3-2、3-3でBが先導者Aが追従者のときのナッシュ均衡については、章末の練習問題としておきます。

次に、事例3-2の3つのナッシュ均衡を展開形に戻って考

図3-5 (Y, Y−Y)の図示　**図3-6 (X, X−X)の図示**
(単位：億円)　　　　　　　(単位：億円)

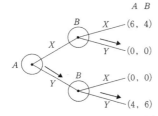

えてみましょう。

5　部分ゲーム完全均衡

◎ナッシュ均衡を展開形ゲームにおいて再考する

　事例3-2の3つのナッシュ均衡のうち，まず $(Y,\ Y-Y)$ から始めます。この戦略の組において各プレイヤーがとる選択肢を矢印（→）で示したのが図3-5です。

　いま，$(Y,\ Y-Y)$ において B の2つの情報集合における選択が合理的なものかどうかを調べてみましょう。下の情報集合（A が「Y」をとったときに到達する円）では，B は「X」をとれば利得は0，「Y」をとれば利得は6ですから，「Y」をとるというのは B にとって合理的な選択です。しかしながら，上の情報集合（A が「X」をとったときに到達する円）では，「X」をとったときの利得は4で「Y」をとったときの利得0よりも大きくなりますから，「Y」をとるというのは B にとって合理的な選択ではありません。この均衡においては，A が「Y」をとりますので，B の上の情報集合に到達することはありません。したがって，上の情報集合での B の行動決定が合理的でないものであっても，それが表に出なかったわけです。

　ここで，上の情報集合で「Y」をとるというのは，『A が一

Ⅲ　非協力ゲームⅡ：行動決定が時間をおいて行われる場合

図 3-7　(X, $X-Y$) の図示（単位：億円）

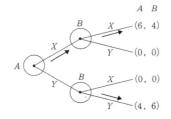

番上の利得 6 を狙って「X」をとってきても、「Y」をとって A の利得を 0 にするよ』という B の脅しと考えることもできます。しかしながら、上に述べたように、A が本当に「X」をとってきたならば、B も「Y」ではなく「X」をとった方が B 自身の利得が大きくなります。したがって、このような脅しには信憑性はありません。

次に (X, $X-X$) を考えましょう。この戦略の組においては、下の情報集合における B の行動が合理的なものとはいえません。図 3-6 を見てください。矢印（→）は (X, $X-X$) における 2 人のプレイヤーの選択です。下の情報集合はこの均衡におけるプレイでは到達されないのですが、そこでの B の合理的な行動は、利得 0 を与える「X」ではなくそれよりも大きな利得 6 を与える「Y」を選択することです。

最後に、(X, $X-Y$) というナッシュ均衡を考えます。この均衡における 2 人のプレイヤーの選択を矢印（→）で示したのが、図 3-7 です。

この均衡では、B は、均衡プレイで到達される上の情報集合だけではなく、到達されない下の情報集合においても、利得を大きくする合理的な行動を選択しています。さらに、この B の合理的な行動を前提としますと、A は「X」をとればその後 B は「X」をとって A の利得は 6、「Y」をとればその後 B は「Y」をとって A の利得は 4 になりますが、より大きな利得 6

図 3-8 事例 3-1 の部分ゲーム （単位：億円）

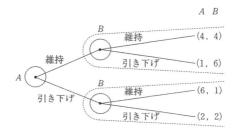

を与える「X」を A は選択しています。

したがって，展開形ゲームにおいて考えた場合，$(X,\ X-Y)$ が 3 つのナッシュ均衡のなかでただ 1 つ合理的な均衡であるといえます。

このようなナッシュ均衡を「部分ゲーム完全均衡」と呼びます。以下で詳しい定義を述べますが，簡単にいってしまえば，部分ゲーム完全均衡とは，すべての情報集合（行動決定の場）においてプレイヤーが合理的に行動決定をしているようなナッシュ均衡のことです。部分ゲーム完全均衡の説明に進む前に，まず部分ゲームを説明しておきましょう。

◎**部分ゲームとは何か**

事例 3-1 の展開形ゲーム表現をもう一度図 3-8 に示します。点線で囲んだ，プレイヤー B の上の情報集合から後の部分を見てください。この部分は，プレイヤー B が選択肢「維持」を選ぶか「引き下げ」を選ぶかという B 1 人の行動決定であり，そこでの B の行動はゲームの他の部分と切り離して独立に考えることができます。このように，展開形ゲームの部分で，他と切り離して独立に分析できるところを部分ゲームといいます。図 3-8 の下の情報集合から後の部分も 1 つの部分ゲームです。

同時決定の場合には，2 節の図 3-2 を見ればわかるよう

に，Bの情報集合は２つの点をともに含んでいます。つまり，Bは行動決定を行う際に上の点にいるか下の点にいるかを識別できないのですから，上の点から後の部分，ないしは下の点から後の部分だけを切り離して分析することはできません。したがって，事例２-１の同時決定の場合には部分ゲームは存在しません。

もう少し詳しく部分ゲームを定義しておきますと，**部分ゲーム**とは，全体の展開形ゲームの部分で，

①１つの点だけを含む情報集合から始まり，

②その点から後に続くすべての点を含み，

③これらの点に関する情報集合はすべてその中で完結する，

ものです。したがって，その部分だけを独立したゲームとして取り出して考えることができます。なお，通常は全体のゲームも部分ゲームの１つに含めて議論しますが，本書では，混乱を避けるため全体のゲームそれ自体は部分ゲームとは呼ばないことにします。

◎事例３-６　部分ゲームの説明

上の定義と事例３-１による説明だけではわかりにくいかもしれませんので，次のゲームを考えてみましょう。３人のプレイヤーA，B，Cが，それぞれ２つの選択肢a，a'；b，b'；c，c'を持つゲームです。以下では，スペースを省略するために，「選択肢」は省いて単にa，a'，b，b'，c，c'と記します。

いま，各プレイヤーの決定の時期にずれがあり，まずA，次いでB，最後にCの順で選択肢の１つを選んでいくとします。ただ，先に決定したプレイヤーの選択内容が，必ずしも他のプレイヤーに漏れるとは限らないとし，次の２つのケースを考えます。①先に決定したプレイヤーの選択内容は，すべて他のプレイヤーの知るところとなる。したがって，Aの選択内容はB，Cの両方にわかり，Bの選択内容はCにわかる。②Aの選択内容はB，Cの両方にわかるが，Bの選択内容はCにはわか

図3-9 部分ゲームの図示

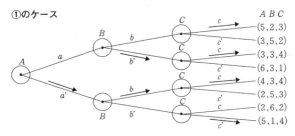

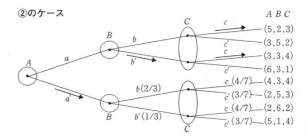

らない。

この2つのケースの情報集合は図3-9のようになります。なお、利得は図の右端のように与えられているとします。前から順に A, B, C の利得です。

①では、B は自分の行動決定に関わる2つの点、また C は4つの点を区別できます。したがって、すべての情報集合がただ1つの点だけを含んでいます。C の4つの情報集合から後の部分はすべてプレイヤー C のみをプレイヤーとする部分ゲームですし、また、B の2つの情報集合から後の部分はどちらもプレイヤー B と C からなる部分ゲームです。したがって、このケースでは、部分ゲームのなかにより小さな部分ゲームが入っている構造になっています。

②では、C は A の選択内容はわかりますから、上の2つの点

（A が a を選択したときに到達する点）と下の２つの点（A が a' を選択したときに到達する点）は区別できますが，B の選択内容がわかりませんから，１番上の点と２番目の点は区別できませんし３番目と４番目の点も区別できません。したがって，C にはそれぞれ２つの点を含む２つの情報集合があります。B の２つの情報集合から後が，いずれもプレイヤー B と C からなる部分ゲームです。

　情報集合および部分ゲームの理解をより深めるために，章末の練習問題にしておきますので，事例３-６において，A の選択内容が B だけにわかり B の選択内容が C にわかる場合の展開形ゲームがどうなるか，また，このゲームにおいて部分ゲームが存在するかどうか考えてください。

◎部分ゲーム完全均衡の定義

　部分ゲームとはどのようなものかおわかりいただけたと思いますので，次に部分ゲーム完全均衡を定義しましょう。**部分ゲーム完全均衡**とは以下の２つの性質を満たす戦略の組です。

　①全体のゲームのナッシュ均衡である。

　②どのような部分ゲームに関しても，戦略の組のなかからその部分ゲームに対応する部分をとりだしたものは，その部分ゲームのナッシュ均衡である。

◎事例３-１と図３-９①の部分ゲーム完全均衡

　まず，事例３-１の部分ゲーム完全均衡を定義に従って求めてみましょう。図３-８を振り返ってください。すでに述べたように，このゲームには，プレイヤー B の上の情報集合の後のゲームと下の情報集合の後のゲームの２つの部分ゲームがあります。いずれもプレイヤー B の１人ゲーム，つまり B １人の決定問題ですから，ナッシュ均衡は B の利得を最大にする戦略です。B の利得を最大にする選択肢は，上の部分ゲームでは利得６を与える「引き下げ」，また下の部分ゲームでも利得２を与える「引き下げ」です。したがって，部分ゲーム完全均衡

89

におけるBの戦略は「引き下げ－引き下げ」です。

これに対して，プレイヤーAは，「維持」をとればその後Bが「引き下げ」をとって利得1，「引き下げ」をとればその後Bが「引き下げ」をとってより大きな利得2を得ますから，Aの最適反応戦略は「引き下げ」です。したがって，部分ゲーム完全均衡は（引き下げ，引き下げ－引き下げ）であり，均衡プレイでは，Aが「引き下げ」をとり，その後Bが「引き下げ」をとってゲームは終了します。両プレイヤーはともに利得2を得ます。

次に，図3-9のケース①の部分ゲーム完全均衡を求めてみましょう。ケース①では6つの部分ゲームがあります。プレイヤーCの1人ゲームである4つの部分ゲームと，それらを含むプレイヤーBの情報集合から始まる2つの部分ゲームです。まず，Cの1人ゲームではCは利得を最大にする選択肢を選びますから，部分ゲーム完全均衡においてはCは，上の情報集合から順にc, c, c, c'をとります。このCの戦略をc－c－c－c'と表します。

Bの上の情報集合から始まる部分ゲームでは，Bがbをとれば，その後CはcをとってBの利得は2，b'をとればその後CはcをとってBの利得は3となりますから，大きな利得を与えるb'が，Cの（この部分ゲームにおける）戦略c－cに対するBの最適反応戦略です。

Bの下の情報集合から始まる部分ゲームでは，Bがbをとればその後CはcをとってBの利得は3，b'をとればその後Cはc'をとってBの利得は1となりますから，bがCの（この部分ゲームにおける）戦略c－c'に対するBの最適反応戦略です。したがって，部分ゲーム完全均衡におけるBの戦略は，上の情報集合ではb'，下の情報集合ではbをとる戦略です。これを，b'－bと表します。

最後にAの決定ですが，aをとればその後Bはb'，Cはcを

Ⅲ　非協力ゲームⅡ：行動決定が時間をおいて行われる場合

とって A の利得は 3 ， a' をとればその後 B は b ， C は c をとって A の利得は 4 になりますから，利得の大きくなる a' が， B の $b-b'$ ， C の $c-c-c-c'$ に対する A の最適反応戦略です。したがって，部分ゲーム完全均衡は $(a',\ b'-b,\ c-c-c-c')$ となります。図 3-9 の①において，各プレイヤーの戦略を矢印（→）で表してあります。均衡プレイでは，まず A が a' ，次いで B が b ，最後に C が c をとってゲームは終了します。A，B，C はそれぞれ利得 4 ， 3 ， 4 を得ます。

　事例 3-1 や図 3-9 のケース①のように，各プレイヤーの情報集合がすべて 1 点からなる展開形ゲームを**完全情報**を持つゲームといいます。どのプレイヤーも，行動決定を行う際にこれまでゲームがどのように行われてきたかを完全に知っているゲームです。完全情報を持つゲームでは，ゲームの一番後ろの情報集合においてその情報集合のプレイヤーの最適な行動を定め，それをもとにその前の情報集合のプレイヤーの最適な行動を定め，……というように，順にゲームをさかのぼって各情報集合における最適な行動を定めていくことにより，純粋戦略からなる部分ゲーム完全均衡を求めることができます。このようにゲームの後ろからナッシュ均衡を求める方法を，**逆向き帰納法**と呼びます。

◎**部分ゲーム完全均衡と弱支配される戦略**

　すでに見たように，事例 3-2 においては， 3 つのナッシュ均衡 $(X,\ X-X)(X,\ X-Y)(Y,\ Y-Y)$ のうち，部分ゲーム完全均衡は $(X,\ X-Y)$ ただ 1 つでした。

　ここで，Ⅱ章 3 節の弱支配の定義を振り返ってください。表 3-2 において，他の 2 つのナッシュ均衡 $(X,\ X-X)(Y,\ Y-Y)$ に含まれている B の純粋戦略 $X-X$ と $Y-Y$ は，いずれも $X-Y$ に弱支配される戦略です。章末の練習問題にしておきましたから，確かめてください。Ⅱ章の 3 節で述べたように，合理的なプレイヤーであれば弱支配される戦略は使わないでしょう

表3-3　図3-9ケース②の部分ゲームの利得行列

Bの上の情報集合から始まる部分ゲーム

B \ C	c	c'
b	(5), 2, 3	(3), 5, 2
b'	(3), 3, 4	(6), 3, 1

Bの下の情報集合から始まる部分ゲーム

B \ C	c	c'
b	(4), 3, 4	(2), 5, 3
b'	(2), 6, 2	(5), 1, 4

から，戦略形ゲームにおいても$(X, X-X)(Y, Y-Y)$の2つのナッシュ均衡は合理的なものとはいえません。

この事例の結果から，部分ゲーム完全均衡は弱支配される戦略を含まないと思われるかもしれませんが，これは正しくありません。章末の練習問題4で確認してください。

◎図3-9②の部分ゲーム完全均衡

次に，図3-9のケース②を考えましょう。この場合にもゲームの後ろの方の部分ゲームから考えていきます。この展開形ゲームには2つの部分ゲームがあります。プレイヤーBの上の情報集合から始まる部分ゲームと下の情報集合から始まる部分ゲームです。

まず，上の情報集合から始まる部分ゲームを考えますと，これは，利得行列が表3-3の左の行列のように与えられるプレイヤーBとCの間のゲームです。各要素は，Aの利得，Bの利得，Cの利得の順に並んでいます。後の議論のために，Aの利得もカッコを付けて入れてありますが，いま必要なのは行列の各要素の2番目のBの利得と3番目のCの利得です。この2つの部分ゲームでは，BとCは互いに相手の決定を知らずに選択肢を決定しますから，選択肢がそのまま戦略になります。

Bの上の情報集合から始まる部分ゲームにおいては，(b', c) がただ1つのナッシュ均衡です。前がB，後がCの戦略です。純粋戦略でそうであることは容易に確かめられます。たとえ混合戦略まで考えたとしても，ただ1つのナッシュ均衡です。Ⅱ章8節の方法で確かめてください。B, Cの利得はそれ

Ⅲ　非協力ゲームⅡ：行動決定が時間をおいて行われる場合

ぞれ3，4でAの利得は3になります。

　Bの下の情報集合から始まる部分ゲームでは，純粋戦略での
ナッシュ均衡は存在しません。Ⅱ章8節の方法に従って，混合
戦略でのナッシュ均衡を求めると，(2/3，1/3)，(4/7，3/7)と
なります。前がB，後がCの混合戦略で，それぞれの第1成
分の2/3，4/7がb，cをとる確率です。B，Cの期待利得は
27/7，10/3，また，このときのAの期待利得は67/21になりま
す。確かめてください。

　67/21は3より大きいですから，Aはa'をとった方が大きな
利得を得られます。したがって，ケース②の部分ゲーム完全均
衡は，(a'，b'−(2/3，1/3)，c−(4/7，3/7))です。つまり，
Aはa'，Bは上の情報集合ではb'，下の情報集合では混合戦略
(2/3，1/3)，Cは上の情報集合ではc，下の情報集合では混合
戦略(4/7，3/7)をとります。図3−9②では，純粋戦略は矢
印(→)を用いて，また混合戦略は各選択肢をとる確率を記入
して，各プレイヤーの戦略を表してあります。均衡プレイで
は，まずAが戦略a'をとり，次いでBが戦略b，b'を(2/3，
1/3)の確率でとる混合戦略，Cが戦略c，c'を(4/7，3/7)の確
率でとる混合戦略を用いて，ゲームが終了します。

　このようにして，完全情報を持たないゲームにおいても，
ゲームの後ろの方の部分ゲームから始めてそのナッシュ均衡を
求め，次いでそのナッシュ均衡の利得をもとにその前の部分
ゲームのナッシュ均衡を求め，……とゲームをさかのぼってい
くことにより，部分ゲーム完全均衡を求めることができます。

　以上で，事例3−1および図3−9の2つのケースについての
部分ゲーム完全均衡の説明を終わります。部分ゲーム完全均衡
とはどのようなものなのか，またどのようにして求めればよい
のかをおわかりいただけたことと思います。この後は，展開形
ゲームおよび部分ゲーム完全均衡を用いた事例3−4，3−5の
分析に入ります。

その前に，１つ注意しておくことがあります。それは，ケース②の部分ゲーム完全均衡を構成していた(2/3, 1/3)，(4/7, 3/7)という部分ゲームにおける混合戦略についてです。項目を改めて詳しく説明しましょう。

◎行動戦略：新たな戦略の考え方

これまで戦略として考えてきたものは，戦略形ゲームにおける純粋戦略とそれを確率的に混合して用いる混合戦略でした。この章で展開形ゲームに入った後も，各情報集合でどの選択肢をとるかをまとめた行動計画を純粋戦略と呼んできました。例えば，図３-９ケース②のプレイヤー C の純粋戦略は，$c-c$, $c-c'$, $c'-c$, $c'-c'$ の４つです。それぞれ，前が上の情報集合，後が下の情報集合での選択です。したがって，全体のゲームにおける混合戦略を考えるのであれば，この４つの純粋戦略をある確率で混合して用いることになります。

ケース②の部分ゲーム完全均衡を構成していた下の部分ゲームにおける確率分布(2/3, 1/3)(4/7, 3/7)は，明らかにこれとは異なっています。前者は，B が下の情報集合において b, b' の２つの選択肢をとる確率，後者は，C が下の情報集合において c, c' の２つの選択肢をとる確率です。それぞれの部分ゲームにおいては混合戦略ですが，全体のゲームにおける混合戦略ではありません。

このように，各情報集合においてどの選択肢をどのような確率でとるかを定める戦略を**局所戦略**といいます。そして，各プレイヤーについてすべての情報集合における局所戦略をまとめたものを，それぞれのプレイヤーの**行動戦略**といいます。

この章で繰り返し述べてきましたように，情報集合がプレイヤーの行動決定の場であることを考えれば，純粋戦略の確率混合である混合戦略を考えるよりも，各情報集合において選択肢を確率的に混合する局所戦略，行動戦略という考えをとる方がより適当でしょう。実際，展開形ゲームの分析では，一般に混

Ⅲ　非協力ゲームⅡ：行動決定が時間をおいて行われる場合

合戦略ではなく行動戦略が用いられています。なお，展開形ゲームの純粋戦略は，すべての情報集合において1つの選択肢を定める行動戦略であるということもできます。

　行動戦略の範囲では，常にナッシュ均衡が存在するとは限りません。ただし，各プレイヤーが自分の過去の行動をすべて記憶している**完全記憶**と呼ばれるクラスのゲームにおいては，行動戦略の範囲でナッシュ均衡が存在することが知られています。詳しくは，岡田章『ゲーム理論』を参照してください。

6　チェーンストア・パラドックス

◎事例3-4における部分ゲーム完全均衡

　まず，1節の事例3-4を振り返ってください。この事例は，A社が独占的に製品を販売している地域へのB社の参入と，それに対するA社の阻止行動についての問題でした。まず，B社が先に行動を起こし，その後A社がそれに対応しますから，展開形ゲームは図3-10のように与えられます。利得の単位は1億円で，前がA，後がBの利得です。

　このゲームの部分ゲーム完全均衡は（共存，参入する）です。実際，Aの利得は「阻止」をとれば1，「共存」をとれば3ですから，部分ゲーム完全均衡においては，Aは「共存」をとります。したがって，Bは，「参入する」をとればその後Aが「共存」をとって利得は2，「参入しない」をとれば利得は0ですから，「参入する」をとります。

　なお，表3-4の戦略形ゲーム表現からわかるように，（阻止，参入しない）もナッシュ均衡ですが，Aの「阻止」という選択は部分ゲームにおける合理的な行動ではなく，部分ゲーム完全均衡ではありません。したがって，A社が「参入してくれば阻止行動に出るぞ」という脅しをB社にかけたとしても，その脅しは信憑性のあるものとはいえません。

95

図3-10 事例3-4の展開形ゲーム (単位:億円)

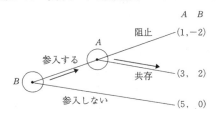

表3-4 事例3-4の戦略形ゲーム
(単位:億円)

A \ B	参入する	参入しない
阻　止	1, −2	5, 0
共　存	3, 2	5, 0

◎チェーンストア・パラドックス

いま，A社は，B社が参入してこようとしている地域だけでなく，他の地域でも独占的に製品を販売していて，そこでもやはり5億円の利潤を得ているとします。この地域にもC社が参入することを計画しており，B社の結果を見たうえで参入するかどうかを決めようとしています。C社が参入してきたときのA社の対応とそれに伴うA，C両社の利得は，B社が参入するときのA社の対応およびそれに伴うA，B両社の利得と同じであるとします。

このとき，B社，C社は参入してくるでしょうか。また，A社は彼らが参入してきたときに阻止するでしょうか，それとも共存をはかるでしょうか。部分ゲーム完全均衡を用いて分析してみましょう。

この状況の展開形ゲーム表現は，図3-11のとおりです。C社は，B社が参入したかどうか，また参入したときにはその後A社はどう対応したかを見たうえで，参入するかどうかを決め

Ⅲ 非協力ゲームⅡ：行動決定が時間をおいて行われる場合

図3-11 参入と参入阻止：2地域の場合 (単位：億円)

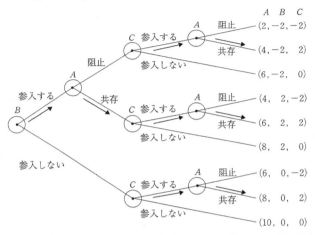

ますから，A，B，Cの情報集合はすべてただ1つの点だけを含みます。利得は，前からA，B，Cの順に並んでいて，Aの利得は2つの地域での利得を合わせたものです。例えば，上から2つ目の(4，-2，2)は，Bが参入してAは阻止し，その後Cが参入してAは共存したときのA，B，Cの利得です。実際，Bが参入してAは阻止しましたから，図3-10からA，Bの利得は1，-2であり，次にCが参入してAは共存しましたから，A，Cの利得は3，2です。したがって，Aの利得は1＋3＝4となり，利得の組(4，-2，2)が得られます。

Cの参入はBの参入の後に時間をおいて起こりますから，本来ならば，Cが参入する際のA，Cの利得は，Bが参入する際のA，Bの利得よりも割り引いて考えなければなりません。ここでは議論を簡単にするために，A，Cの利得を割り引かずに説明することにしますが，たとえ割り引いて議論したとしても，同様の結果が得られます。時間の経過に伴う利得の割引については次の7節で説明します。

このゲームは，すべての情報集合が1点だけを含む完全情報を持つゲームですから，ゲームの後ろから各情報集合におけるプレイヤーの最適な行動を定めることにより，部分ゲーム完全均衡を求めることができます。まず，一番右のAの3つの情報集合ですが，いずれにおいても，Aは「共存」をとった方が利得が大きいですから「共存」をとります。

　次に，Cの3つの情報集合ですが，いずれにおいても，Cは「参入しない」をとれば利得は0，「参入する」をとればその後Aは「共存」をとりますから利得は2になります。したがって，いずれにおいてもCは「参入する」をとります。

　次に，その前のAの情報集合ですが，ここでは，「阻止」をとった場合も「共存」をとった場合も，その後Cは「参入する」をとり，それに対してAは「共存」をとります。したがって，Aの利得は「阻止」をとれば4，「共存」をとれば6ですから「共存」をとります。

　最後に，Bは，「参入する」をとれば，その後Aは「共存」をとり，Cが「参入」，Aが「共存」と続きますから，利得は2です。一方，「参入しない」をとれば，その後Cが「参入」Aが「共存」と続きますから，利得は0です。したがって，Bは「参入する」をとります。

　以上より，この展開形ゲームの部分ゲーム完全均衡は，Aはすべての情報集合で「共存」，Bは「参入する」，Cはすべての情報集合で「参入する」という戦略の組になり，均衡プレイでは，Bが「参入」してAは「共存」し，Cも「参入」してAは「共存」してゲームが終了します。

　ここでは2つの地域だけでしたが，たとえ地域の数がいくつに増えたとしても，各地域において図3-10のような利得の構造であれば，逆向き帰納法で部分ゲーム完全均衡を求めると，「参入者は常に参入し，Aは常に共存をはかる」という結果が得られます。このことは，上の議論から明らかでしょう。利得

の最大化を目指すということからいえば，「参入者に対して常に共存をはかる」というのが A 社にとって合理的な行動になります。

しかしながら，現実には，チェーンストアがいくつもの地域に店を出しているとき，ある地域での他の店の参入に対して，損失が出ることを覚悟のうえで価格引き下げなどの対抗手段に出ることがよくあります。そうすることによって，他の地域での参入を思いとどまらせる効果を狙ってのことであると思われます。

このように，プレイヤーの合理的行動を論理的に突きつめた結果得られた部分ゲーム完全均衡が，われわれが日常経験するものとは異なった結果を与えてしまうこともあります。この例は，ゼルテンによって与えられたもので，**チェーンストア・パラドックス**と呼ばれています。

◎チェーンストア・パラドックスと新たなゲーム理論

チェーンストア・パラドックスに対しては，様々な角度から研究が行われてきていますが，まだ満足のいく解決は与えられていないといってよいと思います。アプローチの 1 つとして，チェーンストアの利得を参入者が正確には把握できないとし，次の Ⅳ 章で解説する情報不完備なゲームを用いて分析する方法があります。詳しくは，中山幹夫『はじめてのゲーム理論』を参照してください。

展開形ゲームは，競争的状況において，どのような主体がどのような順序でどのような情報を持って行動を決定していくかを明確に記述するものですし，また，部分ゲーム完全均衡は，そのような状況における各主体の合理的行動を与えるものです。1980 年代初めから始まった，経済学，特にミクロ経済学諸分野への，そしてそれに続く社会学，政治学などへのゲーム理論の浸透には，この 2 つの概念が大きな役割を果たしてきたといえます。

しかしながら，チェーンストア・パラドックスは，ゲーム理論がこれまで想定してきた「合理的」なプレイヤーから離れ，新たなプレイヤー像を作り出していくことの必要性を示しているのではないでしょうか。それに応える1つの動きとして，後にⅦ章でふれる進化論的ゲーム理論があります。

7　繰り返しゲーム

◎事例3-5と価格引き下げ競争の再考

　Ⅱ章4節で見たように，事例2-1の価格引き下げ競争では，両社がそれぞれ自社の利潤の最大化を目指して行動すると，両社ともにより大きな利得を得られる価格の「維持」という選択肢がありながら，両社ともに価格を「引き下げる」という結果になってしまいました。

　事例2-1をもう一度振り返っていただきたいのですが，そこでは，両社は来期の利潤ができるだけ大きくなるように行動すると仮定していました。その結果上のような結論が得られたわけです。しかしながら，両社の競争は来期限りのものではないのですから，事例3-5で述べているように，来期だけではなく，その次の期，その次の次の期と先のことを視野に入れて行動するのが自然でしょうし，実際に企業もそうしていると思われます。逆に，1回限りの競争の方が現実には珍しいかもしれません。

　もし，両社の競争が繰り返されるのであれば，来期相手が価格を維持していたときにこちらが価格を引き下げれば，確かに来期の利潤は増えるでしょうが，こちらが引き下げたことに対する対抗手段としてその次の期では相手も価格を引き下げてくるかもしれません。もしそうであれば，それ以降の利潤は低くなります。したがって，相手のこのような報復を恐れて，両社が現在の価格を維持するという可能性が出てくるのではないで

しょうか。

そうなれば，Ⅱ章で紹介した，環境の破壊など囚人のジレンマ的構造を持つ問題は，当事者の間の継続的な関係を有するものが多いですから，それらの問題に対する何らかの解決手段が得られるかもしれません。

この節では，価格引き下げ競争を例にとりながら，囚人のジレンマ型の競争を繰り返していったときに何が起こるかを，展開形ゲームと部分ゲーム完全均衡を用いて考えてみることにしましょう。このように同じゲームを繰り返していく状況を，**繰り返しゲーム**と呼びます。

◎2回繰り返しゲームの展開形ゲーム表現

まず，事例3-5のように，A，B両社が来期だけでなくその次の期の利潤まで考えて，2つの期の利潤の合計を最大化する場合から始めます。来期を第1期，その次の期を第2期と呼ぶことにします。第1期，第2期のそれぞれにおいて両社は価格のレベルを同時に決定します。また，第2期の価格を決める際には，両社ともに第1期の両社の価格のレベルを知っているものとします。展開形ゲームは図3-12のようになります。1期目はA，Bは同時に決定し，2期目は，A，Bともに1期目の結果を知ったうえで同時に決定しますから，情報集合は，図3-12のとおりに与えられます。

利得は第1期と第2期の利潤の合計ですが，第2期の利潤は，第1期からある期間をおいて手に入りますから，割引因子δ，$0 < \delta < 1$，によって割り引いた現在価値で考えることにします。つまり第2期に得る1億円は，第1期に得るδ億円に相当するとして，第1期の利潤と第2期の割り引いた利潤の合計を利得とします。各期のゲームの利得はⅡ章2節の表2-1の利得行列で与えられますから，この展開形ゲームの利得は，図3-12のように与えられます。なお，前がプレイヤーAの利得，後がBの利得です。各プレイヤーの選択肢は，上の枝

図3-12 価格引き下げ競争を2回繰り返す場合 (単位:億円)

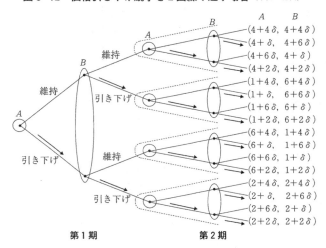

が「維持」で、下の枝が「引き下げ」です。

例えば、上から2つ目の利得の組$(4+\delta, 4+6\delta)$は、第1期はA、Bともに維持し、第2期はAが維持してBが引き下げたときのものです。表2-1より、A、Bの利得は第1期が4、4、第2期が1、6ですから、第2期の利得をδで割り引いて、Aの利得は$4+\delta$、Bの利得は$4+6\delta$になります。

◎ 2回繰り返しゲームの部分ゲーム完全均衡

この展開形ゲームの部分ゲーム完全均衡を求めます。ゲームの終わりの方の部分ゲーム、つまり第2期に相当する部分ゲームから考えていきます。図3-12の点線で示したように、4つの部分ゲームがあります。まず、一番上の部分ゲームをとります。これは、第1期で両プレイヤーが「維持」をとった後に続く第2期のゲームであり、利得行列は表3-5で与えられます。したがって、A、Bともに「引き下げ」が支配戦略であり、この部分ゲームにおけるナッシュ均衡は(引き下げ、引き

Ⅲ　非協力ゲームⅡ：行動決定が時間をおいて行われる場合

表 3 - 5　図3-12の一番上の部分ゲームの利得行列
(単位：億円)

A ＼ B	維　　　　持	引　き　下　げ
維　　　　持	$4+4\delta$, $4+4\delta$	$4+\delta$, $4+6\delta$
引　き　下　げ	$4+6\delta$, $4+\delta$	$4+2\delta$, $4+2\delta$

表 3 - 6　図3-12の第 2 期の部分ゲームのナッシュ均衡に基づく第 1 期のゲームの利得行列
(単位：億円)

A ＼ B	維　　　　持	引　き　下　げ
維　　　　持	$4+2\delta$, $4+2\delta$	$1+2\delta$, $6+2\delta$
引　き　下　げ	$6+2\delta$, $1+2\delta$	$2+2\delta$, $2+2\delta$

下げ) のみになります。両者の利得はともに$4+2\delta$です。その他の部分ゲームにおいても同様で，ナッシュ均衡はすべて（引き下げ，引き下げ）のみであり，第 1 期と合わせたA，Bの利得は，上から 2 番目の部分ゲームでは（$1+2\delta$，$6+2\delta$），3番目の部分ゲームでは（$6+2\delta$，$1+2\delta$），最後の 4 番目の部分ゲームでは（$2+2\delta$，$2+2\delta$）となります。

　この結果をもとに，第 1 期から始まる全体のゲームに戻りますと，もし第 1 期でAが「維持」Bが「維持」であれば利得は（$4+2\delta$，$4+2\delta$），Aが「維持」Bが「引き下げ」であれば利得は（$1+2\delta$，$6+2\delta$），Aが「引き下げ」Bが「維持」であれば利得は（$6+2\delta$，$1+2\delta$），Aが「引き下げ」Bが「引き下げ」であれば利得は（$2+2\delta$，$2+2\delta$）であり，これは 1 回限りのゲームの利得に第 2 期のナッシュ均衡における両者の利得 2 を割り引いた2δを一律に加えたものとなっています。利得行列は，表 3 - 6 で与えられます。この利得行列においてもA，Bともに「引き下げ」が支配戦略ですから，ナッシュ均衡は（引き下げ，引き下げ）のみになります。

以上により，2回繰り返しのゲームの部分ゲーム完全均衡は，A，Bともにすべての情報集合で「引き下げ」をとるような戦略の組になります。均衡プレイでは，第1期，第2期ともに両者とも「引き下げ」をとってゲームが終了します。

　2期間だけでなく，3期間，4期間と期間が伸びたとしても，繰り返しの期間が有限である限り最後の期があります。最後の期を第n期としましょう。部分ゲーム完全均衡を求めるには，第n期に対応する部分ゲームから始めます。第n期の部分ゲームおいて，ナッシュ均衡は上の2期間の分析の第2期と同様（引き下げ，引き下げ）だけです。次に，このことをもとにすれば，その1期前の第$n-1$期から始まる部分ゲームでのナッシュ均衡においては，第n期，第$n-1$期ともに両者ともすべての情報集合で「引き下げ」をとります。

　後は，同様にしてゲームをさかのぼっていけば，結局，全体のゲームの部分ゲーム完全均衡においては，両者ともすべての情報集合において「引き下げ」をとります。均衡プレイでは，毎期（引き下げ，引き下げ）の組が続きます。

　囚人のジレンマの繰り返しについての実験は，Ⅱ章のコラムでふれたフラッドとドレッシャーによるものをはじめとして，これまでに数多く行われていますが，繰り返す回数が大きければ，（協調，協調）（上の例では（維持，維持））がとられることが多いようです。例えば，フラッドとドレッシャーの実験では，100回の繰り返しのうち68回は（協調，協調）であったことが報告されています。先の「チェーンストア・パラドックス」と同様，部分ゲーム完全均衡が，われわれ人間の行動を必ずしも記述し得ない1つの例といえるでしょう。フラッドとドレッシャーの実験について詳しくは，パウンドストーン『囚人のジレンマ』（松浦俊輔ほか訳）を参照してください。

◎無限回の繰り返しを考える

　価格引き下げ競争のゲームを何回繰り返したとしても，有限

回である限り，部分ゲーム完全均衡においては1回限りの場合と同じ（引き下げ－引き下げ）の組が続くだけです。それでは，両プレイヤーにとって最後の期がない，つまり繰り返しが無限に続くとしたらどうでしょうか。もちろんわれわれの社会で無限回繰り返すということは現実にはありませんが，幾度も繰り返しが行われ，両プレイヤーともに最後の期を認識できないような状況の近似モデルであると考えてください。

◎無限回繰り返しゲームにおける戦略と利得

無限回繰り返しゲームの戦略は，2回繰り返しの場合と同様です。繰り返しゲームでは，毎期毎期それまで自分と相手がどのような選択をしてきたかがわかりますから，各期においてそれまでとられてきた選択の組に対応してどのような選択肢をとるかという計画が戦略です。

次に，第1期，第2期，第3期，……に得た利得が，それぞれ，$r_1, r_2, r_3,$……であるとき，無限回繰り返しゲームの利得を一般に割引因子，δ，$0 < \delta < 1$，を用いて$(1-\delta)(r_1 + r_2\delta + r_3\delta^2 + \cdots)$で与えます。$r_1 + r_2\delta + r_3\delta^2 + \cdots$は各期の利得の現在価値の総和です。$1-\delta$をかける理由ですが，いま毎期同じ利得$r$が得られたとしましょう。このとき，各利得の現在価値の和は，等比数列の和を用いて$r + r\delta + r\delta^2 + \cdots = r/(1-\delta)$となり，これに$1-\delta$を掛ければ1期あたりの利得$r$と等しくなります。したがって，$r_1, r_2, r_3,$……が得られるときにも，同様に現在価値の和$r_1 + r_2\delta + r_3\delta^2 + \cdots$に$1-\delta$を掛けて，これを1期あたりの利得と考え，これで無限回繰り返しゲームの利得を評価します。$(1-\delta)(r_1 + r_2\delta + r_3\delta^2 + \cdots)$を**平均利得**と呼ぶことにします。

◎トリガー戦略と（維持，維持）の繰り返し

囚人のジレンマの無限回の繰り返しにおいても，毎期「裏切り」をとりつづけるという戦略の組はナッシュ均衡，さらには部分ゲーム完全均衡にもなります。（裏切り，裏切り）が1回

限りのゲームのナッシュ均衡ですから，どちらのプレイヤーも相手が「裏切り」をとりつづけている限り，これから逸脱してもより大きな利得を得ることはできません。

　ところが，無限回繰り返しゲームの場合には，これだけではありません。2人のプレイヤーともに「協調」をとりつづけるようなナッシュ均衡が存在します。いま，価格引き下げ競争において，2人のプレイヤー A，B がそれぞれ次のような戦略を考えたとします。『第1期は「維持」をとります。第2期以降は，その前の期まで相手と自分のどちらも「維持」をとりつづけている限り「維持」をとりますが，そうでなければ「引き下げ」をとります』つまり，最初は「維持」をとりますが，相手か自分かどちらか一方でも「引き下げ」をとった場合には，それ以降は永久に「引き下げ」をとりつづけるという戦略です。この戦略は，いったん「引き下げ」というトリガー（引き金）を引くと「引き下げ」をとりつづけ「維持」に戻ることはないことから**トリガー戦略**と呼ばれたり，相手が「引き下げ」をとったときにそれ以後「引き下げ」をとりつづけて相手の利得を低い水準に抑えつづけることから，**永久懲罰戦略**と呼ばれたりします。以下では，簡単に「トリガー」と呼びます。

　2人のプレイヤーが「トリガー」をとってそこから逸脱しなければ，2人のプレイヤーは第1期は「維持」を選択します。第1期で互いに「維持」を選択しますから，第2期も「維持」を選択します。以下，第3期目，第4期目も同様に「維持」を選択しますから，結局，毎期「維持」をとりつづけることになります。

　この戦略の組（トリガー，トリガー）は，もし割引因子が大きければ，価格引き下げ競争を無限回繰り返すゲームの部分ゲーム完全均衡になります。厳密な証明は少々面倒ですので，以下では，（トリガー，トリガー）がナッシュ均衡になっていることの証明の本質的な部分のみを説明します。部分ゲーム完

Ⅲ　非協力ゲームⅡ：行動決定が時間をおいて行われる場合

全均衡になっていることの証明は，岡田章『ゲーム理論』を参照してください。

　A，Bともに「トリガー」を使っている状態から，プレイヤーAが他の戦略に変えたとしても，Aの利得が増えないことを示します。戦略を変えるといっても，均衡プレイに現れない情報集合における選択を変更したとしても結果には影響しませんから，実際のゲームの動きであるプレイを変えることのできるものでなければなりません。（トリガー，トリガー）では，A，Bはともに「維持」をとりつづけますから，考えなければならない他の戦略というのは，どこかの期でそれまでとりつづけてきた「維持」を「引き下げ」に変えるような戦略です。

　いま，Bは「トリガー」をとっており，Aが第t期に初めて「維持」を「引き下げ」に変えたとしましょう。第$t-1$期までは，両プレイヤーとも「維持」をとりつづけていますから，Aは毎期4の利得を得ています。第t期ではAは「引き下げ」，Bは「維持」を選択しますから，Aの利得は6です。しかしながら，Bは「トリガー」をとっていますから，第t期にAが「引き下げ」をとったことが引き金になって，第$t+1$期以降は毎期「引き下げ」をとってきます。したがって，Aの利得は「維持」をとれば1で，「引き下げ」をとれば2ですから，最大でも毎期2です。Aは第t期で「トリガー」から逸脱しましたから，第$t+1$期以降は「維持」「引き下げ」のどちらでもとり得ます。「トリガー」をつづけたときと第t期で逸脱したときのAの利得を比較すると，次のようになります。

	1……$t-1$	t	$t+1$	$t+2$ ……
「トリガー」をつづけたとき	4…… 4	4	4	4 ……
t期に逸脱したとき	4…… 4	6	2または1	2または1……

　この利得の対比からもわかるように，逸脱した第t期にはAの利得は4から6に増えますが，第$t+1$期以降はBが「トリ

ガー」に従って「引き下げ」を選択してきますから，Aの利得は，「トリガー」に従っていたときの4から2または1に減ってしまいます。第t期ではAの利得は増えますが，第$t+1$期以降では逆に減っていきます。

　したがって，相手が「トリガー」を使っている場合には，割引因子が大きく将来の利得がそれほど割り引かれないのであれば，「トリガー」から逸脱しても利得を大きくできないことがおわかりいただけると思います。等比数列の和を用いれば，「トリガー」を続けたときの平均利得と第t期に逸脱したときの最も大きな平均利得との差が，

$$(1-\delta)(4+4\delta+\cdots+4\delta^{t-2}+4\delta^{t-1}+4\delta^{t}+4\delta^{t+1}+\cdots)$$
$$-(1-\delta)(4+4\delta+\cdots+4\delta^{t-2}+6\delta^{t-1}+2\delta^{t}+2\delta^{t+1}+\cdots)$$
$$=(1-\delta)\delta^{t-1}(-2+2\delta+2\delta^2+\cdots)$$
$$=(1-\delta)\delta^{t-1}(-2+2\delta/(1-\delta))=2\delta^{t-1}(-1+2\delta)$$

となり，$\delta>0$ですから，この事例では，$\delta\geq1/2$であれば第t期に逸脱しても平均利得は増加しないことがわかります。

　以上のことは，この特別な利得行列の場合だけでなく，囚人のジレンマ型の利得行列であれば成り立ちます。II章4節を見ていただければわかるように，一般の囚人のジレンマ型利得行列では，プレイヤーAの利得を大きなものから並べると，

　　　（裏切り，協調）＞（協調，協調）＞

　　　　　　　　（裏切り，裏切り）＞（協調，裏切り）

の順になります。「＞」は左側の戦略の組の方がプレイヤーAの利得が大きいことを表します。したがって，第t期で「協調」から「裏切り」に変えたとすれば，（裏切り，協調）と（協調，協調）の利得の差だけ利得は大きくなりますが，第$t+1$期目以降は，Bが「裏切り」をとりつづけますから，「協調」を続けていた場合に比べ，毎期，（協調，協調）と（裏切り，裏切り）ないしは（協調，裏切り）の利得の差だけ利得は小さくなります。

108

COFFEE BREAK

———— 強かったのはお返し戦略！ ————

アクセルロッド（R. Axelrod）は、囚人のジレンマ型ゲームの繰り返しに関して、いろいろな戦略のコンピューター・プログラムを競わせる選手権を開催しました。様々な分野の研究者から14通りのプログラムの応募があり、それに、毎期全くランダムに「協調」と「裏切り」を選ぶプログラムを加えた15通りのプログラムの総当たりリーグ戦が行われました。

この選手権で最もよい成績をおさめたのは、ラポート（A. Rapoport）による **tit for tat** 戦略でした。tit for tat 戦略というのは、まず第1期は「協調」をとり、第2期以降は相手が前の期にとったのと同じ選択肢をとる、つまり前の期に相手が「協調」をとっていれば「協調」を、「裏切り」をとっていれば「裏切り」をとるという単純な戦略です。訳語はいくつかありますが、本書では**お返し戦略**と呼ぶことにします。アクセルロッドは、この選手権の結果を公表したうえでもう一度選手権を開催しました。第2回選手権には第1回を上回る参加者があったのですが、ラポートは再びお返し戦略で参加し優勝してしまいました。

さらに、アクセルロッドは、架空の選手権を何回も繰り返し行っていくシミュレーション実験を行いました。ただし、毎回の各参加プログラムの数を前回の成績に比例して決めました。よい成績をおさめたプログラムは数が増え、悪い成績のプログラムは数が減ります。その結果、お返し戦略のプログラムの数は常に最も多く、しかも最後まで増加しつづけました。

このように、自分からは裏切らず、相手が裏切れば即座に報復し、相手が協調に戻ればただちにこちらも協調行動に出るというお返し戦略が、選手権で優勝し、さらにシミュレーション実験から長期にわたってその勢力を増大していくこともわかりました。この結果は、われわれが社会においてとるべき行動に対しても大きな示唆を与えるものといえるでしょう。

したがって，将来の利得がそれほど割り引かれなければ，第 t 期の利得の増分は第 $t+1$ 期以降の利得の減少分で相殺され，トリガーから逸脱して「裏切り」をとっても利得は増加しません。一般の囚人のジレンマ型ゲームの無限回の繰り返しにおいて，（トリガー，トリガー）はナッシュ均衡になります。

囚人のジレンマ型ゲームの繰り返しについては，コラム（「強かったのは『お返し』戦略！」）も参照してください。

◎フォーク定理

事例 3-5 の無限回繰り返しにおいて，両プレイヤーが「トリガー」戦略をとれば，毎期（維持，維持）が繰り返され，しかも，（トリガー，トリガー）は無限回繰り返しゲームのナッシュ均衡（さらには，部分ゲーム完全均衡）となることがわかりました。このときの両プレイヤーの平均利得（各期の利潤の現在価値の和に $1-\delta$ を掛けたもの）は 4 です。

実は，もっと興味深いことが無限回の繰り返しゲームでは起こります。価格引き下げ競争のゲームの利得行列（表 2-1）をもう一度振り返ってください。いま，図 3-13のように，この利得行列における 4 つの利得の組を結んで得られる領域を考えます。横軸に A の利得，縦軸に B の利得をとってあります。

この領域のうち，両プレイヤーの利得が 2 を超える領域（図 3-13の影をつけた部分）を考えます。もし，割引因子 δ が 1 に近ければ，この領域に属するすべての利得の組が無限回繰り返しゲームのナッシュ均衡の平均利得として達成されます。このことは，囚人のジレンマに限らず一般の戦略形ゲームにおいて成り立ちます。これが**フォーク定理**と呼ばれている定理です。「フォーク」というのはフォークソングと同じ「民間伝承の」という意味です。この定理はかなり古くから誰が証明したともなく語られていたため，この名前がついています。フォーク定理のナッシュ均衡の部分を部分ゲーム完全均衡で置き換えることもでき，この場合には**完全フォーク定理**と呼ばれていま

Ⅲ 非協力ゲームⅡ：行動決定が時間をおいて行われる場合

図3-13 事例2-1の利得の図示 (単位：億円)

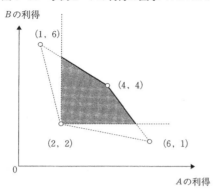

す。

フォーク定理は，事例2-1において，1回限りのゲームのナッシュ均衡では実現できなかった（維持，維持）が，ゲームを繰り返すことにより均衡として達成されることを示しており，非常に重要な定理です。ただ，（維持，維持）の繰り返しも均衡として導かれるのですが，それ以外にも多くの利得の組が均衡における利得として導かれてしまうことにも注意してください。

なお，図3-13の4つの利得の組を結んで得られる領域は，1回限りのゲームにおいてプレイヤー A，B が協力して実現できる利得の組の全体です。この領域についてはⅤ章で詳しく説明します。

8 部分ゲーム完全均衡の応用例： シュタッケルベルクの複占市場

◎事例3-7 シュタッケルベルクの複占市場

Ⅱ章の9節で解説したクールノーの複占市場をもう一度取り

上げます。ただし，ここでは，企業 A が先に生産量を決定し，その結果を知ったうえで企業 B が生産量を決定する状況を考えます。実際にも，1つの企業が先に決定し，他の企業がそれに追随するという状況はよく見られます。

　市場の構造を振り返っておきましょう。生産に要する費用は企業 A，B ともに同じで，x 単位生産するのに cx だけの費用がかかります。一方，企業 A が x 単位，企業 B が y 単位の製品を売り出したときに，これがすべて売り切れる価格は $p = a - (x + y)$ で与えられます。ただし $a > c > 0$ です。この状況で，企業 A が先に生産量 x を決め，それを知った後に B が自らの生産量 y を決定します。このような先導者，追従者のある2企業間の競争は，シュタッケルベルク(H. von Stackelberg)によって分析されたものであり，**シュタッケルベルクの複占市場**と呼ばれています。

◎シュタッケルベルクの複占市場の部分ゲーム完全均衡

　まず，展開形ゲーム表現は図3-14のように与えられます。これまでのゲームと違い，選択肢は無限個ありますので1つずつ書くことはできません。そこで，図3-14のような表記方法を使ってあります。

　このゲームは情報集合が1つの点しか含みませんから，完全情報を持つゲームです。そこで，ゲームの後ろの方から逆向き帰納法によって部分ゲーム完全均衡を求めます。

　A の生産量 x が与えられたときの B の最適な生産量を求めます。II章9節でクールノー・ナッシュ均衡を求めたときを思い出してください。

　B の利得は，
$$g(x, y) = (a - (x + y))y - cy = -y^2 + (a - c - x)y$$
$$= -(y - (a - c - x)/2)^2 + ((a - c - x)/2)^2$$
でしたから，x のもとでの最適な生産量 y は，

　　$(a - c - x)/2 \geq 0 \, (x \leq a - c)$ のときには，$y = (a - c - x)/2$

112

図3-14 シュタッケルベルクの複占市場の展開形ゲーム表現

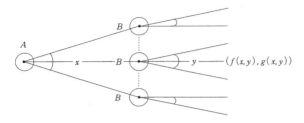

$(a-c-x)/2<0(x>a-c)$ のときには, $y=0$ です。

これをもとに, A の最適な生産量を求めます。まず $x \leq a-c$ のときから始めます。A の利得 $f(x,y)=(a-(x+y))x-cx$ に B の最適な生産量 $y=(a-c-x)/2$ を代入すると,

$(a-(x+(a-c-x)/2))x-cx$
$=(-x^2+(a-c)x)/2=(-(x-(a-c)/2)^2+(a-c)^2/4)/2$

となります。$0<(a-c)/2<a-c$ に注意すれば, $x=(a-c)/2$ のときに A の利得は最大で最大値は $(a-c)^2/8$ です。

一方, $x>a-c$ のときには, B の最適な生産量は $y=0$ ですから, A の利得 $f(x,y)=(a-(x+y))x-cx$ に代入すると,

$(a-x)x-cx=-x^2+(a-c)x=-(x-(a-c)/2)^2+(a-c)^2/4$

です。これは, $x=(a-c)/2$ で最大値をとる2次の関数ですから, $x>a-c$ では x が増えるにつれて減少します。したがって, A の利得は, 最大でも $x=a-c$ のときの値である0を超えることはありません。

2つのケースを合わせて, 部分ゲーム完全均衡は次のように与えられます。A の生産量 x のもとでの B の最適な生産量 y^* は, $x \leq a-c$ のときには $y^*=(a-c-x)/2$, $x>a-c$ のときには $y^*=0$。A の最適な生産量 x^* は $x^*=(a-c)/2$。したがって均衡プレイでは, A が $(a-c)/2$ を生産し, その後 B が $(a-c)/4$ を生産します。これを, 企業 A が先導者のときの**シュタッケ**

ルベルク均衡といいます。利得はそれぞれ，A は $(a-c)^2/8$，B は $(a-c)^2/16$ です。

◎**クールノー・ナッシュ均衡との比較**

クールノー・ナッシュ均衡における生産量は企業 A，B ともに $(a-c)^2/3$ で，利得は $(a-c)^2/9$ でしたから，先導者である企業 A は利得が増加し，追従者である企業 B は利得が減少しています。したがって，先導者になることにより大きな利得が得られることがわかります。先導者が先に生産量を決めてしまえば，追従者はそのもとで自らの利潤最大化をはからなければなりません。したがって，先導者は追従者の行動をコントロールできます。これが，同時決定の場合に比べ先導者が有利になる理由です。

この問題を，生産量決定に関する情報という観点から見ると，少しおもしろいことがわかります。シュタッケルベルクの複占市場では，企業 A の決定した生産量の情報は企業 B に伝わります。したがって，企業 B は新たに情報を得ます。新たな情報を得ればそれだけ有利になると考えるのが普通でしょうが，このように，コンフリクトのある状況では，新たな情報を得ることによってかえって不利な立場に追い込まれてしまうこともあります。

練習問題

以下の問題では，すべて純粋戦略の範囲で考えてください。

1　事例3-3のナッシュ均衡と部分ゲーム完全均衡を求めなさい。

2　事例3-1，3-2，3-3において，プレイヤー B が先導者のときのナッシュ均衡と部分ゲーム完全均衡を求めなさい。

3　事例3-2の利得行列（表3-2）において，$X-X$，$Y-Y$ は $X-Y$ に弱支配されることを示しなさい。したがって $(X, X-X)$，$(Y, Y-Y)$ は弱支配される戦略を含むナッシュ均衡です。

4　次の展開形ゲームにおいて，部分ゲーム完全均衡が弱支配

Ⅲ 非協力ゲームⅡ：行動決定が時間をおいて行われる場合

される戦略を含むことを示しなさい（注意：このゲームには部分ゲームがありません。したがって，ナッシュ均衡はすべて部分ゲーム完全均衡です）。

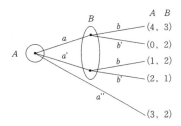

5 事例3-6において，もし，Aの選択内容がBだけにわかり，Bの選択内容がCにわかる場合の展開形ゲームはどうなるか，また，このゲームにおいて部分ゲームは存在するかどうかを答えなさい。

IV

情報不完備なゲーム

● 情報不完備な状況とは，他の人のとり得る戦略や利得関数などの把握が不完全な状況で，より現実に近いモデルといえます。逆に，ゲームの構造がすべてのプレイヤーの共有知識になっている状況を，情報完備な状況といいます。

● プレイヤーのタイプとその確率，及び他のプレイヤーのタイプに対する各プレイヤーの信念を導入し，情報不完備な状況を表現したゲームを，ベイジアンゲームといいます。

● ベイジアンゲームの解は，戦略と信念の整合的な組からなるベイジアン均衡です。

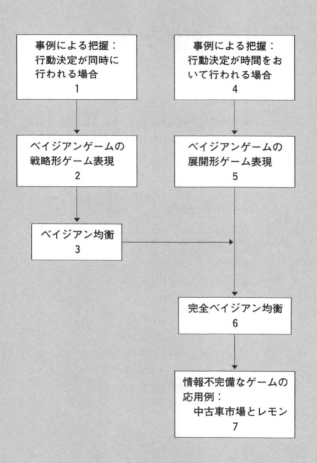

　　　　　　　　　　　　　　　　Ⅳ　情報不完備なゲーム

　これまでは，ゲームの構造，すなわち，戦略形ゲームであれ
ば，プレイヤーの全体，各プレイヤーの戦略の全体，そして利
得関数について，また，展開形ゲームであれば，ゲームの木の
構造と木の終点における各プレイヤーの利得について，すべて
のプレイヤーが共通の認識を持っている状況を扱ってきまし
た。このような状況を，ゲームの構造がプレイヤー全員の**共有
知識**（コモンノリッジ）である状況といいます。

　しかしながら，われわれの社会においては，他の人のとりう
る戦略や利得関数が完全にわかっているというのはごく稀なこ
とでしょう。自分自身の利得関数さえ，完全には把握できない
こともあります。このような状況を，**情報不完備**な状況といい
ます。それに対して，これまで扱ってきた，ゲームの構造がす
べてのプレイヤーの共有知識になっている状況を，**情報完備**な
状況といいます。

　情報不完備な状況の取り扱いは，1960年代後半にハルサーニ
によって初めて与えられました。主体間に情報が偏在している
ときの経済現象を分析する，いわゆる情報経済学の分野は1980
年代に飛躍的に発展しましたが，その原動力はハルサーニに
よって与えられた情報不完備な状況を扱うゲーム理論でした。

　本章でも，簡単な事例を使いながら説明していきます。ま
ず，行動決定が同時に行われる事例として，Ⅱ章の「価格引き
下げ競争」（事例2－1）において，価格引き下げに対する消費
者の反応が不確実な場合を，次いで，行動決定が時間をおいて
行われる事例として，Ⅲ章の「参入と参入阻止」（事例3－4）
において，参入を企てている企業が価格競争からダメージを受
けやすいかどうかなど参入企業の特性が不確実な場合を考えま
す。

　この2つの事例を例に引きながら，まず，それぞれの状況の
ゲームとしての表現であるベイジアンゲームと呼ばれるゲーム
を説明します。次いで，ナッシュ均衡をこのような状況にも適

119

表 4 - 1　事例 2 - 1 の利得行列：価格引き下げにより売れ行きが伸びる場合

(単位：億円)

A＼B	維　　持	引き下げ
維　　持	4, 4	1, 6
引 き 下 げ	6, 1	2, 2

表 4 - 2　事例 4 - 1 の利得行列：価格引き下げにより売れ行きが落ち込む場合

(単位：億円)

A＼B	維　　持	引き下げ
維　　持	4, 4	6, 1
引 き 下 げ	1, 6	2, 2

用できるように拡張したベイジアン均衡および完全ベイジアン均衡の定義を与え，「価格引き下げ競争」や「参入と参入阻止」の事例でどのような状態が均衡として得られるかを明らかにします。

　最後に，情報の偏在がある経済現象を情報不完備なゲームを用いて分析した例を紹介してこの章を終わります。

1　事例による把握：行動決定が同時に行われる場合

◎事例 4 - 1　価格引き下げのもたらす影響の不確実性

　まず，Ⅱ章の事例 2 - 1 の「価格引き下げ競争」を思い出してください。一方だけが価格を引き下げた場合には，その企業の売れ行きが伸び，利得行列は表 4 - 1 のように与えられていました。

　いま，この商品の価格を下げたときに，例えばブランドイメージが下がるなどして，かえって売れ行きが落ち込んでしまう可能性があるとします。両企業は，そのときの利潤は表 4 - 2 のようになると見積もっており，また，この 2 つの状況はそ

Ⅳ　情報不完備なゲーム

れぞれ1/2の確率で起こる可能性があると考えています。

　いま，A社は，この商品に関する市場調査を行って価格引き
下げの結果売れ行きがどうなるか，つまり利得行列が表4-
1，表4-2のどちらになるかを把握したとします。一方，B
社は，A社が市場調査を行って利得行列が表4-1，表4-2の
どちらになるかを把握したことは知っていますが，市場調査の
結果そのものは知らないとします。このとき両企業は，「維持」
「引き下げ」のどちらを選択すればよいでしょうか。

2　ベイジアンゲームの戦略形ゲーム表現

◎プレイヤーのタイプとベイジアンゲーム

　このような状況をゲームとして表現し分析するために，まず
プレイヤーの**タイプ**というものを導入します。上の例では，プ
レイヤーA（A社）に2つの状態があります。1つは利得行列
が表4-1になることを知っている場合であり，いま1つは表
4-2になることを知っている場合です。

　利得行列が表4-1になることを知っている状態のAをタイ
プA1，表4-2になることを知っている状態のAをタイプA2
と呼ぶことにします。Aは利得行列がどちらになるかを知って
いますから，自分がどちらのタイプであるかを知っています
が，BはAがどちらの状態にあるかを知りませんから，Aのタ
イプはわかりません。

　売れ行きが伸びる（表4-1の利得行列になる）場合，落ち
込む（表4-2の利得行列になる）場合がそれぞれ同じ1/2の確
率で起こるということは，言い換えれば，AがタイプA1であ
る確率が1/2，タイプA2である確率が1/2ということです。こ
れは両企業にとって共有知識であるとします。

　このように，プレイヤーのタイプと各タイプが起こる確率を
導入し，情報不完備な状況を表現したゲームを**ベイジアンゲー**

ムといいます。

◎戦略形ゲーム表現

事例4-1のベイジアンゲームを戦略形ゲームとして表現しましょう。まず，両企業の戦略を明らかにします。ベイジアンゲームでは，プレイヤーは自分の各タイプごとに選択肢のどれを選ぶかを決めることができます。そして，タイプごとに選択する選択肢の組がそのプレイヤーの戦略です。

事例4-1では，プレイヤーAには2つのタイプ，タイプA1とタイプA2があります。それぞれにおいて「維持」をとるか「引き下げ」をとるかを決めることができますから，Aには，「維持－維持」「維持－引き下げ」「引き下げ－維持」「引き下げ－引き下げ」の4通りの戦略（純粋戦略）があります。前がタイプA1のときの選択，後がタイプA2のときの選択です。一方，Bは「維持」をとるか「引き下げ」をとるかを決定するだけですから，戦略（純粋戦略）は，「維持」「引き下げ」の2通りです。

もちろん，Bについては混合戦略を用いた議論もできますし，Aについては，各タイプごとに選択肢「維持」「引き下げ」をある確率で用いるという議論もできます。ただ，説明を簡単にするために，以下では純粋戦略のみを使って話を進めていきます。

利得は次のように与えられます。AにはタイプA1，タイプA2の2つの場合がありますから，それぞれの利得を分けて考えることにします。例えば，（維持－維持，引き下げ）という戦略の組におけるA1，A2，Bの利得は以下のようにして求めることができます。

戦略「維持－維持」では，AはタイプA1であれば維持をとります。Bの戦略は引き下げですから，表4-1の利得行列からAの利得は1，Bの利得は6です。AがタイプA2であれば，やはり維持をとります。Bは引き下げをとりますから，表

Ⅳ　情報不完備なゲーム

表4-3　Bの想定している利得行列 （単位：億円）

A＼B	維　持	引き下げ
維　持－維　持	（4，4），4	（1，6），3.5
維　持－引き下げ	（4，1），5	（1，2），4
引き下げ－維　持	（6，4），2.5	（2，6），1.5
引き下げ－引き下げ	（6，1），3.5	（2，2），2

4-2の利得行列からAの利得は6，Bの利得は1です。Bは，Aがタイプ$A1$，タイプ$A2$である確率をそれぞれ1/2と考えているのですから，Bの期待利得は$6 \times (1/2) + 1 \times (1/2) = 3.5$になります。他の戦略の組における利得も同様にして求めることができます。

したがって，AがタイプA1のときに想定している利得行列は表4-1の利得行列であり，タイプA2のときに想定しているのは表4-2の利得行列です。Bの想定している利得行列は，表4-3のように与えられます。利得行列の各要素は，前から順に，AのタイプA1，タイプA2の利得，そしてBの期待利得です。前の2つがAの利得，最後がBの利得であることを区別するために，前の2つはカッコでくくってあります。

3　ベイジアン均衡

これらの利得行列をもとに，AのタイプA1，タイプA2，およびBがどのような行動をとればよいかを考えてみましょう。

まず，表4-1の利得行列において，すでにⅡ章で見たように，Aの「引き下げ」という選択肢は「維持」という選択肢を支配します。したがって，AはタイプA1であれば「引き下げ」をとります。同様に，表4-2の利得行列では，「維持」が「引き下げ」を支配し，Aは「維持」をとります。したがっ

123

て，Aのとる戦略は「引き下げー維持」です。

表4-3の利得行列において，Aは合理的に行動し「引き下げー維持」という戦略をとってくるとBが考えたとしますと，Bの期待利得は「引き下げ」をとれば1.5，「維持」をとれば2.5ですから，Bは大きな期待利得2.5の得られる「維持」をとります。

以上により，A，Bがともに合理的に行動するならば，(引き下げー維持，維持)，つまり，Aはタイプ$A1$であれば「引き下げ」，タイプ$A2$であれば「維持」をとり，Bは「維持」をとるという結果が得られます。

この事例では，戦略の支配を用いてA，Bの合理的な行動を求めることができました。しかしながら，Ⅱ章の事例2-2，2-3で見たように，常にこのようにしてプレイヤーの合理的な行動を求められるとは限りません。一般には，情報不完備なゲームにおいても，ナッシュ均衡と同じ考え方を用いて分析できます。ただし，プレイヤーにタイプがありますので，ナッシュ均衡の定義とは少し異なってきます。

いま，上で求めた（引き下げー維持，維持）という戦略の組を考えてみましょう。Bの戦略「維持」のもとでは，表4-1からわかるように，タイプ$A1$のときにAは「引き下げ」をとれば6，「維持」をとれば4の利得を得ますから，タイプ$A1$におけるAの「引き下げ」は，Bの「維持」に対する最適反応です。同様に，表4-2からわかるように，タイプ$A2$のときにAは「引き下げ」をとれば1，「維持」をとれば4の利得を得ますから，タイプ$A2$におけるAの「維持」はBの「維持」に対する最適反応です。一方，Aが「引き下げー維持」をとるときには，上で確認したように，Bは「維持」をとれば2.5，「引き下げ」をとれば1.5の利得ですから，Bの「維持」はAの「引き下げー維持」に対する最適反応です。

このように，いずれのプレイヤーにおいても，各タイプにお

ける選択が他のプレイヤーの戦略に対する最適反応になっているような戦略の組を，**ベイジアン均衡**といいます。**ベイジアン・ナッシュ均衡**ということもあります。

この事例においては，ベイジアン均衡は（引き下げ－維持，維持）だけです。例えば，（維持－維持，維持）という戦略の組では，タイプ$A2$の「維持」はBの「維持」に対する最適反応ですし，Bの「維持」も表4-3の利得行列からわかるようにAの「維持－維持」に対する最適反応です。しかしながら，表4-1からわかるようにタイプ$A1$の「維持」は，Bの「維持」に対する最適反応ではありません。したがって，（維持－維持，維持）という戦略の組はベイジアン均衡ではありません。他の戦略の組についても同様にしてベイジアン均衡ではないことが確かめられます。

もし，選択肢を確率を用いて混合することまで含んだ分析を行いたいのであれば，Ⅲ章で述べた行動戦略と同様にしてタイプごとの選択肢の確率混合を考え，それを用いてベイジアン均衡を定義することができます。

また，プレイヤーの数が3人以上になったときも，ベイジアン均衡の定義は同様です。各プレイヤーの各タイプについて，他のプレイヤーの戦略の組に対する最適反応となる選択肢が選ばれているような戦略の組が，ベイジアン均衡です。ベイジアン均衡について詳しくは，岡田章『ゲーム理論』を参照してください。

4 事例による把握：行動決定が 時間をおいて行われる場合

◎参入と参入阻止

次に，行動決定が時間をおいて行われる状況に移りましょう。Ⅲ章の事例3-4の「参入と参入阻止」を使って説明して

図4-1 事例3-4の展開形ゲーム表現：弱いタイプの B社の場合
(単位：億円)

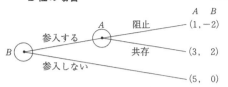

図4-2 事例4-2の展開形ゲーム表現：強いタイプの B社の場合
(単位：億円)

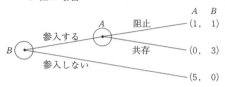

いきます。展開形ゲームは，図4-1のように与えられていました。利得は前が A，後が B のものです。

◎**事例4-2　B社（参入企業）の不確実性**

B 社は，A 社が阻止行動に出た場合にもある程度は市場に参入することができ，共存行動に出た場合には，逆に A 社を市場から駆逐する可能性もあるとします。したがって，阻止行動，共存行動に出たときの両社の利得は，図4-2のようになる可能性もあると，A 社は考えていたとします。もちろん，実際にはどちらか一方が真の B 社です。以下，上の図4-1の利得の場合を「弱いタイプ」の B 社，下の図4-2の利得の場合を「強いタイプ」の B 社と呼ぶことにします。B 社が強いタイプ，弱いタイプである確率はそれぞれ1/2であるとし，この確率は A 社，B 社にとって共有知識であるとします。

5　ベイジアンゲームの展開形ゲーム表現

プレイヤー B（B 社）は，自分がどちらのタイプであるかは

Ⅳ 情報不完備なゲーム

図4-3 事例4-2の展開形ゲーム (単位：億円)

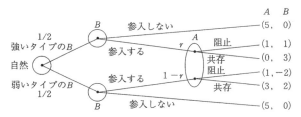

わかっています。しかしながら，プレイヤーA（A社）はBがどちらのタイプかを知りません。このベイジアンゲームを展開形ゲームとして表現しましょう。

Bの2つのタイプ，強いタイプと弱いタイプはそれぞれ$1/2$の確率で起こります。このことを展開形ゲームでは，「自然」という意思を持たないプレイヤーが，「強いタイプのB」「弱いタイプのB」のどちらか1つを選ぶとして表現します。いま，2つのタイプはそれぞれ同じ確率$1/2$で起こりますから，自然は2つの枝をそれぞれ$1/2$の確率で選びます。したがって，上の状況の展開形表現は図4-3のように与えられます。

Bは，自らが強いタイプ，弱いタイプのどちらであるかを知っているわけですから，Bの情報集合は2つに分かれます。一方，AはBのタイプを知らずに自らの行動を決めるのですから，Bが参入したときのAの意思決定に関わる2つの点は同じ情報集合に入ります。

プレイヤーA，Bは，それぞれ図4-3のようなゲームを想定して行動を決めることになります。

6 完全ベイジアン均衡

◎信念の導入

図4-3の展開形ゲームには部分ゲームは全く存在しません

が，部分ゲーム完全均衡を求めたときと同様，ゲームの終わりの方から両プレイヤーの合理的行動を求めてみましょう。

まず，プレイヤーAの行動決定を考えます。Aの情報集合は2つの点を含みます。上の点にいれば「阻止」をとった方が利得が大きくなるのですが，下の点にいれば「共存」をとった方が利得が大きくなります。上の点にいるときと下の点にいるときで，とるべき選択肢が違います。しかも，Aは自分がどちらの点にいるかわかりません。

そこで，「信念」という考えを導入します。Aは，自分が上の点，下の点のどちらにいるか確実にはわからないのですが，どちらの点にどのくらいの確率でいるかは認識できるとします。例えば，上の点にいる確率をr，下の点にいる確率を$1-r$と考えていたとしましょう。$0 \leq r \leq 1$です。このとき$(r, 1-r)$を，この情報集合におけるAの**信念**と呼びます。

信念$(r, 1-r)$のもとでは，「阻止」をとれば期待利得は$1 \times r + 1 \times (1-r) = 1$，「共存」をとれば期待利得は$0 \times r + 3 \times (1-r) = 3(1-r)$ですから，$1 > 3(1-r)$すなわち$r > 2/3$であれば「阻止」を，$r < 2/3$であれば「共存」をとるのが$A$にとって最適な行動になります。$r = 2/3$のときには，期待利得が等しくなりますから，「阻止」「共存」のどちらも合理的な行動になります。

◎均衡における信念と完全ベイジアン均衡

ナッシュ均衡においては，各プレイヤーの戦略は他のプレイヤーの戦略の組に対する最適反応戦略になっていなければなりませんでしたが，これから考える均衡においては，さらに，信念と戦略の組も整合的になっていなければならないとします。

いま，均衡において，強いタイプのBは参入するが弱いタイプのBは参入しないとしましょう。このときには，Aは，確率1で上の点にいる，つまり$(1, 0)$という信念を持つのがこのBの戦略と整合的です。逆に，弱いタイプのBのみが参入してくる均衡においては，確率1で下の点にいる，つまり$(0, 1)$とい

う信念を持つのが整合的です。

もし，均衡においてどちらのタイプも参入してくるならば，もともと強いタイプ，弱いタイプがそれぞれ1/2の確率で起こると考えていたのですから，確率1/2で上の点，確率1/2で下の点にいる。つまり(1/2，1/2)という信念を持つのが整合的です。

均衡においてどちらのタイプも参入してこない場合はどうでしょうか，この場合には，本来ならばAの情報集合には達しないはずですから，もし，この情報集合に来た場合，Aはどちらの点にいるかを合理的に推測することはできません。したがって，この場合にはAはどのような信念も持ちうるとします。

各プレイヤーの戦略（純粋戦略ないしは行動戦略）と信念の組で，以下の2つの性質を満たすものを**完全ベイジアン均衡**といいます。①各情報集合において，その情報集合に該当するプレイヤーが，その後の他のプレイヤーの戦略を所与としたうえで，与えられた信念のもとで期待利得を最大にする行動をとる。②各プレイヤーの戦略に基づくその情報集合に到達するまでの行動とその情報集合における当該プレイヤーの信念が，上で事例4-2を用いて説明したように整合的になる。

◎事例4-2の完全ベイジアン均衡

事例4-2の完全ベイジアン均衡を求めてみましょう。議論を簡単にするために，純粋戦略の範囲のみで考えます。

①強いタイプのB，弱いタイプのBがともに「参入する」という選択肢をとる場合：この場合には，この選択と整合的なAの信念は，上に述べたように(1/2，1/2)です。「阻止」をとれば期待利得は1，「共存」をとれば期待利得は3/2ですから，Aの合理的行動は「共存」をとることです。Aが「共存」をとるならば，強いタイプのBが参入したときのBの利得は3，弱いタイプのBが参入したときのBの利得は2ですから，いずれも参入しなかったときのBの利得0を上回ります。したがって，Aの「共存」に対して，強いタイプのB，弱いタイプのB

どちらにとっても,「参入する」というのは最適な行動になります。したがって,以上の戦略および信念の組は完全ベイジアン均衡です。

　②強いタイプのBは「参入する」をとり,弱いタイプのBが「参入しない」をとる場合:この選択と整合的なAの信念は$(1,0)$,つまり必ず上の点にいるということです。上の点でのAの利得は,「阻止」をとれば1,「共存」をとれば0ですから,この信念の下でのAの合理的な選択は「阻止」をとることです。したがって,強いタイプのBが「参入する」をとったときの利得は1になります。これは,「参入しない」をとったときの強いタイプのBの利得0より大きいですから,強いタイプのBの「参入する」というのは最適な行動です。また,弱いタイプのBが「参入する」をとったときのBの利得は,Aの「阻止」にあえば-2になりますから,「参入しない」が最適な行動になります。したがって,以上の戦略および信念の組は完全ベイジアン均衡です。

　③強いタイプのBは「参入しない」をとり,弱いタイプのBが「参入する」をとる場合:これと整合的なAの信念は$(0,1)$,つまり必ず下の点にいるというものです。下の点においてAの利得は,「阻止」をとれば1,「共存」をとれば3ですから,最適な行動は「共存」をとることです。このときには,強いタイプのBの「参入しない」という選択は合理的ではありません。実際,「参入する」をとれば,Aは「共存」をとりますから,強いタイプのBの利得は3になり,「参入しない」をとった場合の利得0を上回ります。したがって,強いタイプのBが「参入しない」をとり,弱いタイプのBのみが「参入する」をとるという完全ベイジアン均衡は存在しません。

　④強いタイプのB,弱いタイプのBがともに「参入しない」をとる場合:この選択に従う限り,Aの情報集合には達しません。したがって,Aのどのような信念も排除できません。いま,A

IV　情報不完備なゲーム

の信念を$(r, 1-r)$としますと，前に述べたように，$r>2/3$であれば「阻止」を，$r<2/3$であれば「共存」をとるのがAにとって最適な行動になります。$r=2/3$のときには，「阻止」「共存」のどちらも合理的な行動です。いま，強いタイプのBは，「参入する」をとれば，Aが「阻止」をとれば1，「共存」をとれば3の利得を得ることができ，いずれにしても，「参入しない」をとったときの利得0よりも大きな利得を得ることができます。したがって，強いタイプのB，弱いタイプのBがともに「参入しない」をとるような完全ベイジアン均衡は存在しません。

　したがって，事例4-2のゲームにおいては，2つの完全ベイジアン・ナッシュ均衡が存在します。このうち，①における均衡のように，違うタイプが同じ行動をとるものを**一括均衡**ないしは**混在均衡**と呼び，②における均衡のように，タイプが違うと違う行動をとることからタイプを判断できる均衡を，**分離均衡**と呼びます。

◎信念についての補足

　信念は，情報不完備なゲームの分析のみに用いられるものではありません。一般の情報完備なゲームでも，2つ以上の点を持つ情報集合が存在するような完全情報を持たないゲームでは，このような情報集合において当該プレイヤーの持つ信念を導入して完全ベイジアン均衡を考えることができます。これは，ナッシュ均衡および部分ゲーム完全均衡をより精緻化した均衡になります。なお，信念に基づく均衡概念として，完全ベイジアン均衡をより精緻化した**逐次均衡**という均衡概念もあります。

7　情報不完備なゲームの応用例：　中古車市場とレモン

　最後に，情報不完備なゲームを用いた経済事象の分析例を紹

介して，本章を終えることにします。

　以下は，アカロフ（G. A. Akerlof）によって始められた研究です。ある人が，現在乗っている車をそろそろ新車に買い替えようと思って，車を中古車のディーラーに持っていったとします。ディーラーは一見しただけではその車の詳しいコンディションまではわかりませんから，年式，走行距離などをもとにして平均的な買い取り価格を付けてきます。そうしますと，この車が平均よりもいい状態にあることがわかっている人は，その値段では安すぎると思い売却しないでしょう。平均的な価格でも売却するのは，平均の車よりも悪い状態の車を所有している人です。したがって，ディーラーに持ち込まれるのは，平均より悪い状態の車ばかりになります。そうすると，ディーラーは買い取り価格をより下げますから，より悪い状態の車が持ち込まれ，最終的に中古車市場に出回る車は，状態の悪い車ばかりになってしまいます。このような状態の悪い中古車をアメリカではよく「レモン」と呼ぶことから，この例は「中古車市場とレモン」という名で呼ばれています。

　「中古車市場とレモン」が起こる原因は，中古車の売り手である所有者と買い手であるディーラーとで，中古車の状態に関して持っている情報が違うところにあります。つまり，所有者は車の状態をよく知っていますが，ディーラーにはほとんどわかりません。したがって，ディーラーは平均的な買い取り価格を提示するしかなく，その結果良い状態の車はディーラーに持ち込まれなくなります。このように望ましくない財が市場に出回る現象は，市場における**逆選抜**と呼ばれています。

　選択肢の名前や利得は違っていますが，情報集合など展開形ゲーム表現の本質的な部分は，図4-3の展開形ゲームと同じです。

　前節の例で，Bを車の所有者，その2つのタイプを「良い」車の所有者のタイプと「悪い」車の所有者のタイプ，それぞれ

Ⅳ 情報不完備なゲーム

図4-4 「中古車市場とレモン」の展開形ゲーム

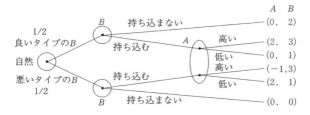

のタイプの選択肢を車をディーラーに「持ち込む」「持ち込まない」とします。また，Aをディーラー，その選択肢を「高い」価格で買う「低い」価格で買うとします。いま，Bの利得は，「高い」価格の場合にはどちらのタイプもディーラーに持ち込んだ方が利得が多く，「低い」価格の場合には，「悪い」車の所有者のタイプのみが持ち込んだ方が利得が多く，「良い」車の所有者は持ち込まない方が利得は多いものとします。

例えば，図4-4の利得はこれらの条件を満たしています。これまでと同様，前がA，後がBの利得です。また，話を簡単にするために，良いタイプのBは低い価格では売らず，悪いタイプのBは高い価格でも低い価格でも売るものとします。

良いタイプのB，悪いタイプのBがそれぞれ1/2の確率で現れるとして，前節と同じようにA，Bの合理的な行動を分析すると，『「悪い」車の所有者のみ車を持ち込み，Aが「低い」価格で買う』という状態が，完全ベイジアン均衡になります。したがって，「悪い」車のみがディーラーの手に渡ることになります。図4-4の利得のもとでは，実は，これがただ1つの完全ベイジアン均衡になります。章末の練習問題としておきますので，考えてみてください。

このような情報の偏在の問題はわれわれの社会の様々なところで見られますが，それを解決するための方法もいくつか考えられています。例えば，中古車市場であれば，われわれが車を

持ち込んだときに，ディーラーはエンジンの状態，ブレーキの状態など念入りに検査します。持ち込んだ方としてはいやになるくらいですが，これによって情報の偏在が解消し中古車市場がレモンの市場にならずにうまく機能するのであれば，やむを得ないのかもしれません。情報の偏在の別の形の解決方法としては，情報を持っている方が何らかのシグナリングによって情報を伝えるという方法もあります。その1つである求人求職におけるシグナリングについては，コラムを見てください。

COFFEE BREAK

──有名大学卒業は採用時の判断材料になるか？──

　企業がある人を雇おうとしているとします。この人は自分の能力がどの程度であるかわかっていますが，企業側はわかりません。企業はこの人に対して賃金を提示しますが，低すぎれば彼は他の企業へ行ってしまうかもしれませんし，低い能力しか持たない人に高い賃金を支払うことは企業にとって望ましくありません。この状況は，中古車市場と全く同じ構造をしています。求職者が車の所有者，企業がディーラーです。

　企業が高い賃金を提示すれば，能力の高い人だけでなく低い人も雇うことになるでしょう。逆に，低い賃金を提示すれば能力の高い人はそれを嫌って他の企業に行き，その賃金でもかまわないと思う低い能力の人だけが集まってしまいます。つまり，中古車市場と同じように逆選抜が起こってしまいます。

　このような事態を回避するために求職者が自分のタイプを明らかにする何らかのメッセージを企業に送ることはできないでしょうか。例えば，その人の教育水準です。高い能力を持った人であれば，それほどのコストをかけることなく高い教育水準に達することができるでしょうが，能力の低い人であれば，同

IV 情報不完備なゲーム

練習問題

以下の問題では，純粋戦略の範囲で考えてください。

1 III章の練習問題4の完全ベイジアン均衡を求め，弱支配される戦略は含まれないことを確かめなさい。

2 図4-4の中古車市場の展開形ゲームにおいて，完全ベイジアン均衡では，「良いタイプのBは持ち込まず，悪いタイプのBのみが持ち込み，Aは低い価格で買う」となることを確かめなさい。

じ教育水準に達するためには大きなコストがかかるでしょう。コストというのは，単に金銭的なコストだけでなく努力の量なども含んだ総合的なコストです。高い教育水準に達していることは企業にも客観的にわかりますから，能力が高いことを伝える1つのメッセージになります。このようにメッセージを送ることを**シグナリング**と呼びます。

能力の高い人と低い人では高い教育水準に達するまでに要する費用が違いますから，賃金体系をうまく設計すれば，高い教育水準を得るために投資するインセンティブを，能力の高い人は持ち低い人は持たないような完全ベイジアン均衡（分離均衡）を作り出すことができるでしょう。したがって，有名大学卒業の肩書きは学生を採用するときの判断材料になりそうです。

ただ，就職とシグナリングについては，スペンス（O. Spence）以来，多くの研究がなされており，上記の分離均衡だけでなく，能力の高い人も低い人も高い教育水準を得るインセンティブを持つような一括均衡も存在することが知られています。このような一括均衡が存在するということは，有名大学卒業は採用時の判断材料には必ずしもならないということですね。

就職とシグナリングについて詳しくは，梶井厚志・松井彰彦『ミクロ経済学―戦略的アプローチ』を参照してください。

V
2人協力ゲーム：
交渉ゲーム

●協力ゲーム理論では，プレイヤー間で話し合いが行われ，しかも話し合いの結果ある合意に達したときにその合意が拘束力をもつ，つまり，どのプレイヤーも合意から逸脱しないような状況を扱います。

●2人協力ゲームは，交渉ゲームとも呼ばれます。価格交渉，労使の賃金交渉，2国間の軍縮交渉など，幅広く応用されています。

●代表的な解は，交渉の出発点からの2人のプレイヤーの利得の増分の積を最大にするナッシュ交渉解です。

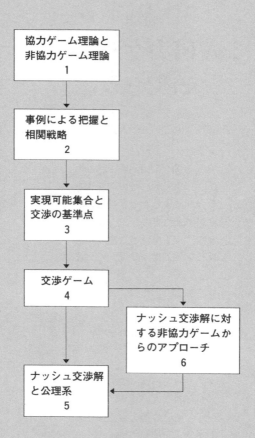

V 2人協力ゲーム：交渉ゲーム

　この章からは協力ゲームに入ります。これまでお話ししてきた非協力ゲームでは，各プレイヤーがそれぞれ独自に戦略を決定する状況を扱ってきました。しかしながら，われわれの社会においては，どのような行動をとるかについて各プレイヤーが話し合いをして決める場合も数多くあります。例えば，II章の事例2-2の規格統一の例においては，コンピューター・メーカーA，Bの双方にとって同じOSを採用した方が好ましいわけですから，両社が採用するOSについて話し合いの場を持つことは大いに考えられます。

　本章では，協力ゲームのうち最も簡単な，プレイヤーが2人の場合について解説していきます。まず，非協力ゲームと協力ゲームの違いについて簡単に述べた後，2人のプレイヤーが協力して戦略を決定することにより，両者にとって獲得できる利得の可能性が広がることを示します。次いで，この実現可能な利得の組のうち2人のプレイヤーの交渉の結果どのようなものが実現されるべきかを与えた，ナッシュの交渉解を説明します。最後に，協力ゲームにおける効用の取り扱いについて注意を与えて，本章を終わります。

1　協力ゲーム理論と非協力ゲーム理論

◎協力ゲーム理論とは

　まず，協力ゲーム理論とはどのようなものかを，これまでお話ししてきた非協力ゲームとの対比も踏まえながら説明しておきましょう。

　簡単にいえば，プレイヤー間で話し合いが行われ，しかも話し合いの結果，ある合意に達したときにその合意が拘束力を持つ，つまり，どのプレイヤーも合意から逸脱しないような状況を扱っていくのが**協力ゲーム理論**です。

　協力ゲーム理論では，プレイヤーが2人のときと3人以上の

ときでは，大きな違いがあります。2人の場合には，彼らが合意に達すれば協力して行動するでしょうし，そうでなければそれぞれ独自に行動するでしょう。つまり，2人のプレイヤーの協力が成立するかどうかを考えておけば十分です。

それに対して，プレイヤーが3人以上になると，プレイヤー全員の協力だけでなく部分的な協力の可能性も考えなければなりません。例えば，3人のプレイヤーA，B，Cを考えてみますと，A，B，C全員の協力だけでなく，A，Bが協力し，Cは独自に行動するなど2人だけが協力する可能性が出てきます。したがって，3人以上のプレイヤーが存在する場合の協力ゲームの分析は，2人の場合に比べ格段に複雑さが増します。そこで，協力ゲーム理論では，これまでのところ2人ゲームと3人以上のゲームは全く異なった形で理論が発展してきています。まず，この章では**2人協力ゲーム**を説明します。

◎協力ゲーム理論と非協力ゲーム理論の間のグレーゾーン

ここまで読まれて，少し疑問を感じている読者の方もいらっしゃると思います。非協力ゲーム理論とは，各プレイヤーがそれぞれ独自に戦略を決定する状況を扱う理論でした。それに対して，協力ゲーム理論で扱うのは，プレイヤー間で話し合いが行われ，しかも話し合いの結果到達した合意が拘束力を持つ状況です。

そうすると，その間に欠けている部分があります。つまり，プレイヤー間で話し合いは行われるが，その話し合いに拘束力がない状況です。われわれの日常でもよく口約束をすることがあります。これは，約束ですが，契約書を交しているわけではありませんから，それに反した行動をとっても罰せられはせず拘束力はありません。このような状況は，非協力ゲームと協力ゲームの間のグレーゾーンともいうべき部分ですが，現在では，このグレーゾーンまで含めて非協力ゲームと考えるのが普通になっています。

V　2人協力ゲーム：交渉ゲーム

表5-1　事例5-1の利得行列

（単位：億円）

A＼B	Xを採用	Yを採用
Xを採用	6，4	0，0
Yを採用	0，0	4，6

2　事例による把握と相関戦略

◎事例5-1　規格統一におけるA社とB社の協力

　この章でも例を使いながら説明を進めていきましょう。Ⅱ章で示した事例2-2を思い出してください。2つのコンピューター・メーカーA社，B社が新製品の開発において，Xタイプ，Yタイプの2つのOSのどちらを採用するかを検討しているという状況でした。利得行列をもう一度表5-1として書いておきます。

　いま，両社の開発担当者が話し合いを持ったとしましょう。両社ともできれば同じタイプのOSを採用したいわけですから，話し合いを持つことは大いに考えられます。話し合いにおいて，プレイヤーA（A社）は最大の利得である6億円の利潤が見込まれるXタイプを両社が採用することで合意したいでしょうし，プレイヤーB（B社）は同社にとって最大の利潤である6億円が見込まれるYタイプを両社が採用することで合意したいでしょう。もし両社が互いの主張を譲らなければ，話し合いは決裂し，それぞれが独自に決定するという非協力ゲームの状態に戻ってしまいます。

◎相関戦略

　いま，非協力ゲームの状態に戻るくらいなら決着を偶然事象に任せようという提案が，どちらからともなく出されたとします。Ⅱ章でお話しした混合戦略のような考え方です。ただ，こ

141

こでは両社が話し合っているわけですから，混合戦略よりは
もっと広い戦略決定が可能になります。例えば，表，裏がそれ
ぞれ1/2の確率で出るコインがあったとしましょう。このと
き，「このコインを投げて，もし表が出ればA，BともにXタ
イプを採用し，裏が出ればともにYタイプを採用する」とい
う決定方法を考えることができます。つまり，両社の選択を相
関させるわけです。このような決定の仕方を，**相関混合戦略**ない
しは簡単に**相関戦略**といいます。

　もしこの決定方法をとれば，もちろん期待値での評価になり
ますが，プレイヤーAの期待利得は$6×(1/2)+4×(1/2)=5$，
プレイヤーBの期待利得は$4×(1/2)+6×(1/2)=5$となりま
す。これを純粋戦略での2つのナッシュ均衡における利得と比
べてみますと，両プレイヤーともに自らにとって不利なナッ
シュ均衡が実現したときの利得（Aの場合は両プレイヤーがY
を採用したときの利得4，Bにとっては両プレイヤーがXを採
用したときの利得4）よりも大きくなっています。また，混合
戦略まで考えたときのナッシュ均衡の利得は両プレイヤーとも
に12/5でしたから（II章の練習問題1），それよりは，両プレ
イヤーともにはるかに大きな利得を得ることができます。

3　実現可能集合と交渉の基準点

◎**相関戦略により実現できる利得**

　相関戦略によって達成できるA，Bの（期待）利得の組は，
$(5, 5)$だけではありません。確率を変えれば他の利得の組も実
現できます。例えば，確率1/3で両プレイヤーともにXタイプ
を採用し，確率2/3で両プレイヤーともにYタイプを採用する
という決定方法に変えれば，A，Bは，それぞれ，$6×(1/3)+$
$4×(2/3)=14/3$，$4×(1/3)+6×(2/3)=16/3$という期待利得
を得ることができます。図5-1の点Fがこの利得の組，点E

V 2人協力ゲーム：交渉ゲーム

図5-1　事例5-1の実現可能集合 (単位：億円)

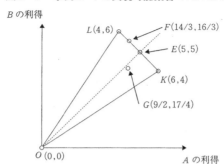

が先程の利得の組(5,5)です。確率をいろいろと変えることにより、ともにXタイプを採用したときの両プレイヤーの利得の組(6,4)と、ともにYタイプを採用したときの両プレイヤーの利得の組(4,6)（図5-1の点Kと点L）を結ぶ線分上のどのような利得の組も実現できます。

同様にして、線分LO上の利得の組は、「A, BともにYタイプを採用する」と「AはXタイプを採用し、BはYタイプを採用する」という2つの選択をある確率で混合する相関戦略によって実現することができます。ないしは、後者を「AはYタイプを採用し、BはXタイプを採用する」で置き換えてもかまいません。線分OK上の利得の組についても同様に、「A, BともにXタイプを採用する」と「AはXタイプを採用し、BはYタイプを採用する」（ないしは、「A, BともにXタイプを採用する」と「AはYタイプを採用し、BはXタイプを採用する」）をある確率で混合する相関戦略によって実現できます。

さらに、三角形LOKの内部にある利得の組も相関戦略で実現できます。例えば、「A, BともにXタイプを採用する」を4/8、「A, BともにYタイプを採用する」を3/8、「AはXタイプを採用し、BはYタイプを採用する」、「AはYタイプを採用

143

し，BはXタイプを採用する」をそれぞれ1/16という確率で用いることにすれば，A，Bの期待利得は，それぞれ，

$6 \times (4/8) + 0 \times (1/16) + 0 \times (1/16) + 4 \times (3/8) = 9/2$

$4 \times (4/8) + 0 \times (1/16) + 0 \times (1/16) + 6 \times (3/8) = 17/4$

であり，図5-1の点Gの利得の組が実現できます。上の4つの選択を用いる確率をいろいろと変えれば，三角形LOK内のすべての利得の組が実現できます。

したがって，プレイヤーA，Bは相関戦略を用いることにより，図5-1の三角形LOKの辺上および内部のすべての利得の組を実現できることになります。このように相関戦略により実現できる利得の組の全体を，**実現可能集合**と呼びます。

混合戦略で実現できる結果は，必ず相関戦略によって実現できます。以下，簡単化のために，「Xを採用」「Yを採用」をそれぞれ「X」「Y」と表します。例えば，2人のプレイヤーA，Bが，それぞれ$(4/5, 1/5)$，$(1/3, 2/3)$という混合戦略を用いたとしましょう。AはXを4/5，Yを1/5，BはXを1/3，Yを2/3の確率で用いますから，戦略の組(X, X) (X, Y) (Y, X) (Y, Y)が，それぞれ$(4/5) \times (1/3) = 4/15$，$(4/5) \times (2/3) = 8/15$，$(1/5) \times (1/3) = 1/15$，$(1/5) \times (2/3) = 2/15$の確率で起こります。これは，$(X, X)$ (X, Y) (Y, X) (Y, Y)をそれぞれ4/15，8/15，1/15，2/15の確率で選択する相関戦略を用いた場合と結果は同じです。A，Bの利得は，いずれにおいても，

$6 \times (4/15) + 0 \times (8/15) + 0 \times (1/15) + 4 \times (2/15) = 32/15$

$4 \times (4/15) + 0 \times (8/15) + 0 \times (1/15) + 6 \times (2/15) = 28/15$

となります。

一方，相関戦略により実現できる結果のなかには，2人のプレイヤーがそれぞれ独自に決定する混合戦略では実現できないものがあります。例えば，(X, X) (Y, Y)をそれぞれ1/2の確率で選択する相関戦略は混合戦略では実現できません。章末の練習問題にしておきますから，考えてみてください。期待利

V　2人協力ゲーム：交渉ゲーム

得の組(5，5)は，この相関戦略によってしか実現できません。一般に，相関戦略を用いることにより，2人のプレイヤーが実現できる結果（利得の組）はそれぞれが独自に混合戦略を用いるときに比べて広がります。

◎交渉の基準点

　2人のプレイヤーは，協力して相関戦略を用いることにより実現可能集合に含まれる利得の組をすべて実現できます。実現可能集合のなかのどの利得の組を実現する相関戦略を選ぶかをめぐって，2人のプレイヤーは交渉に入ります。

　ナッシュは，まず，交渉がまとまらず決裂してしまった場合にはどうなるかを考え，それを交渉の拠りどころとすることにしました。このときの利得の組を**交渉の基準点**と呼びます。

　交渉の基準点にはいくつかの考え方があります。ゲーム理論で昔からよく使われているのは，もとの戦略形ゲームにおける2人のプレイヤーのマックスミニ値です。交渉が決裂したので相手がどのような行動をとってくるのかわからない，したがって，最悪の場合でも獲得できる利得を考えておこうというのが，マックスミニ値を用いる理由でしょう。交渉が決裂した場合にはそれぞれ独自に行動することになりますから，もとの戦略形ゲームにおけるナッシュ均衡がもしただ1つであれば，その利得の組を基準点にとることもできるでしょう。分析しようとする交渉の状況によって，それぞれ適当な交渉の基準点をとる必要があります。

4　交渉ゲーム

　2人協力ゲームの問題は，交渉の基準点をもとに2人のプレイヤーが交渉したとき，実現可能集合のなかのどの利得の組が実現されるかを考えることです。したがって，2人協力ゲームは**交渉ゲーム**と呼ばれることがよくあります。本書でも，以

145

下，交渉ゲームと呼びます。

　これからは，プレイヤーをA，B，実現可能集合をR，交渉の基準点を$u^0 = (u_A^0, u_B^0)$として，交渉ゲームを(R, u^0)と表すことにします。u_A^0はAの利得，u_B^0はBの利得です。交渉の基準点は実現可能集合のなかの１つの要素です。また，実現可能集合のなかには，２人のプレイヤーの利得がともに交渉の基準点より大きくなるような点が存在するとしておきます。もしそうでなければ，少なくとも一方のプレイヤーは基準点を上回る利得を得られないわけですから，そのプレイヤーにとっては交渉を行う意味がありません。

　本章では，ゲーム理論の発展に従って，戦略形ゲームに相関戦略を導入して実現可能集合を作り，交渉ゲームへと導いてきました。今後もそれに沿って説明を進めます。ただし，売り手と買い手の価格交渉，労使の賃金交渉，２国間の軍縮交渉など，経済学や政治学における２人協力ゲームの適用例では，必ずしも戦略形ゲームを経由しないで，直接それぞれの状況に即した実現可能集合と交渉の基準点を作り，それをもとに分析を進めることが普通になっています。

5　ナッシュ交渉解と公理系

◎公理論的アプローチ

　交渉ゲームに対してナッシュがとったアプローチは，公理系からの解の導出という方法でした。ナッシュは，まず交渉ゲームの解（交渉の妥結点）が満たすべき性質（公理）を４つ挙げました。以下に詳しく説明しますが，いずれも交渉の妥結点として適当と思われる性質です。次いで，この４つの性質を満たす解はただ１つに定まることを証明しました。これがナッシュ交渉解と呼ばれるものです。

　それでは，ナッシュの考えた交渉の妥結点の満たすべき性質

V 2人協力ゲーム：交渉ゲーム

図5-2 事例5-1のパレート最適性（単位：億円）

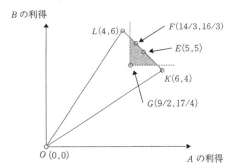

を1つずつ説明していきましょう。以下，交渉ゲーム (R, u^0) の解（**交渉の妥結点**）を $u^* = (u_A^*, u_B^*)$ で表すことにします。事例5-1を使って説明します。交渉の基準点は，両プレイヤーのマックスミニ値の組としておきます。II章の練習問題1で求めたように，マックスミニ値の組は(12/5, 12/5)です。

◎パレート最適性

第1の性質は，「交渉の妥結点においては，1人のプレイヤーの利得を改善しようとすれば，他のプレイヤーの利得は必ず悪くなる」というものです。例えば，図5-2では，右に行けば行くほど A の利得は大きくなり，上に行けば行くほど B の利得が大きくなりますから，G 点の右上の部分（図5-2の影をつけた部分）にある点においては，A，B ともに，G 点におけるよりも利得は大きくなります。G 点より2人ともに利得のよくなるところがあるのですから，G 点は交渉の妥結点としては適当ではないといえます。

この例においては，線分 KL 上の点のみが第1の性質を満たしています。この性質を**パレート最適性**といいます。

◎対称性

第2の性質は，「交渉の基準点における2人のプレイヤーの

図5-3 事例5-1の対称性 (単位：億円)

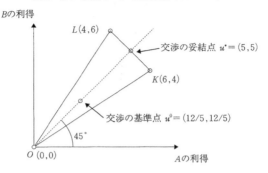

利得が等しく，さらに，実現可能集合が2人のプレイヤーの立場を入れ替えても変わらないとき，交渉の妥結点において2人のプレイヤーは同じ利得を得る」というものです。

図5-3を見てください。事例5-1の実現可能集合は原点Oを通る45°線に関して対称，つまり，この線を中心に折り曲げるとぴったりと重なります。したがって，実現可能集合内のどのような点をとろうとも，その点のAの利得とBの利得を入れ替えた点も必ず実現可能集合に入ってきます。

また，交渉の基準点 $u^0 = (12/5, 12/5)$ も原点を通る45°線上にあり両プレイヤーの利得が等しくなっています。したがって，この交渉ゲームにおいて両プレイヤーの力関係には全く差はないと考えられます。このような場合には，交渉の妥結点も両プレイヤーの利得が等しくなるものでなければならないというのがこの性質の意味するところです。この性質は，2人のプレイヤーが対称な状況を考えていることから**対称性**と呼ばれています。

事例5-1における交渉の妥結点は，対称性から原点を通る45°線上になければなりませんから，第1番目のパレート最適性と合わせれば，図5-3の $u^* = (5, 5)$ でなければならないこ

V　2人協力ゲーム：交渉ゲーム

表5-2　事例5-1の新たな利得行列
（単位：Aは100万ドル，Bは1億円）

A \ B	Xを採用	Yを採用
Xを採用	3，5	0，1
Yを採用	0，1	2，7

とになります。

◎**利得の正アフィン変換からの独立性**

　第3の性質は，「交渉の妥結点は，利得を測る際の原点や尺度には影響を受けない」というものです。利得を測る原点や尺度を変えることを数学では正アフィン変換ということから，上記のような名前が付いています。

　いま，A社が円建てではなくドル建てで利潤を見積もることになり，また，B社の利潤が実際にはこれまでの見積りよりも常に1億円多くなることがわかったとします。計算を簡単にするために，1ドル＝200円としますと，利得行列は表5-2のように与えられます。Aの利得は，単位を100万ドルにとってありますから，事例5-1のもとの利得行列（表5-1）の利得を2で割ったもの，Bの利得は表5-1の利得に1を加えたものになっています。

　この新しい利得行列における両プレイヤーのマックスミニ値は，Aについては，もとの利得行列におけるAのマックスミニ値12/5を2で割った6/5，Bについては，もとの利得行列におけるBのマックスミニ値12/5に1を加えた17/5になります。確かめてみてください。

　ここでもマックスミニ値の組を交渉の基準点とします。もとの利得行列，新たな利得行列に基づく交渉ゲームの実現可能集合および交渉の基準点は，それぞれ図5-4の実線および点線で与えられます。Aの利得については2で割り，Bの利得については1を加えることにより，もとの実現可能集合，交渉の基

149

図5-4 事例5-1における利得の正アフィン変換からの独立性(単位：Aは1億円と100万ドル，Bは1億円)

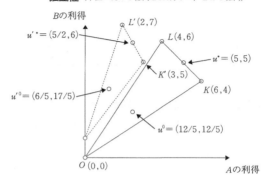

準点（図の実線で表したもの）から新たな実現可能集合，交渉の基準点（図の点線で表したもの）が得られます。

このとき，新たな交渉ゲームの交渉の妥結点 u'^{*} は，もとの交渉ゲームの交渉の妥結点 $u^{*}=(5,5)$ の A の利得を2で割り，B の利得に1を加えた $u'^{*}=(5/2,6)$ になっていなければならないというのが，第3番目の性質の意味しているところです。一般的にいうと，2人のプレイヤーの利得が何倍かされたり定数が加減されたりして，交渉ゲームの実現可能集合および交渉の基準点が変化した場合には，交渉の妥結点も同じように変化しなければならないという性質です。

◎**無関係な結果からの独立性**

第4の性質は，「交渉の基準点および妥結点以外の実現可能集合の要素が最初から除かれていたとしても，交渉の基準点が変わらなければ妥結点は変わらない」というものです。

いま，事例5-1において，交渉の妥結点 u^{*} が図5-5のように与えられたとします。このとき，図の影をつけた部分は交渉の基準点 u^{0} にもまた妥結点 u^{*} にも関係のない部分です。「無関係な」という言葉はここからきています。影をつけた部

図5-5 事例5-1における無関係な結果からの独立性

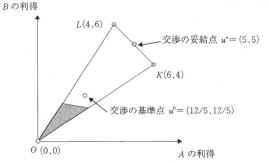

(単位：億円)

分を除いた残りの領域を実現可能集合とし，同じ交渉の基準点 u^0 を持つ交渉ゲームにおいても，交渉の妥結点は変わらず u^* になるべきだというのが，この性質の意味するところです。

以上の4つの性質は，いずれも交渉の妥結点が当然持っていなければならない性質といえるでしょう。ただ，最後の「無関係な結果からの独立性」については，次ページのコラムを見てください。

驚くべきことは，この4つの性質すべてを満たす点は実現可能集合のなかにただ1つしか存在しないということです。次に，このナッシュの定理の説明に移りましょう。

◎ナッシュ交渉解

ナッシュの証明した定理は次のとおりです。「実現可能集合 R，交渉の基準点 $u^0 = (u_A^0, u_B^0)$ を持つ交渉ゲーム (R, u^0) において，パレート最適性，対称性，利得の正アフィン変換からの独立性，無関係な結果からの独立性の4つの性質を満たす交渉の妥結点はただ1つに定まり，R のうち両プレイヤーの利得がともに基準点における利得 u_A^0，u_B^0 を上回る領域のなかで，交渉の基準点からの利得の増分の積を最大にするようなものであ

COFFEE BREAK

―――「無関係な結果からの独立性」の公理は妥当？―――

いま，事例5-1の実現可能集合の下半分がなくなって，図のように三角形 LOE の内部および辺上になったとします。

三角形LOEは，事例5-1の交渉の基準点，妥結点をともに含んでいます。したがって，三角形 LOE を実現可能集合とし，$u^0=(12/5, 12/5)$ を交渉の基準点とする交渉ゲームのナッシュ交渉解は，「無関係な結果からの独立性」の公理によって，事例5-1と同じ$u^*=(5, 5)$でなければなりません。

もし，この交渉ゲームが，事例5-1とは無関係に与えられたとすれば，そして，読者の方々がプレイヤーBであったとすれば，(5, 5) という妥結点に納得されるでしょうか。5というのは，三角形 LOEのなかでプレイヤーAが獲得できる最大の利得です。それに対して，プレイヤーBは最大で6という利得まで獲得できる可能性がありますから，皆さんは5よりも多くの値でなければ納得しないのではないでしょうか。

このように，「無関係な結果からの独立性」の公理は問題点を含んでおり，この公理を他のより適切と思われる性質で置き換える研究も行われてきています。例えば，鈴木光男『新ゲーム理論』を参照してください。

図5-6　無関係な結果からの独立性の妥当性 (単位：億円)

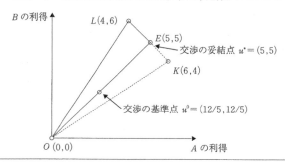

る」この交渉の妥結点を，**ナッシュ交渉解**といいます。簡単に**ナッシュ解**ということもあります。式で表現すれば，ナッシュ交渉解 $u^* = (u_A^*, u_B^*)$ は，$u_A > u_A^0$，$u_B > u_B^0$ を満たす R の要素 (u_A, u_B) で，$(u_A - u_A^0)(u_B - u_B^0)$ を最大にするものとして与えられます。

◎事例5−1におけるナッシュ交渉解

事例5−1のナッシュ交渉解は，すでに対称性のところで述べたように，パレート最適性と対称性から $u^* = (5, 5)$ とならなければなりません。この u^* が $u^0 = (12/5, 12/5)$ に対して，事例5−1の実現可能集合 R のなかで $(u_A - u_A^0)(u_B - u_B^0)$ を最大にするものになっていることを確かめてみましょう。

いま，$(u_A - u_A^0)(u_B - u_B^0)$ を最大にする (u_A, u_B) は，必ずパレート最適な部分，つまり線分 KL 上になければならないことは明らかでしょう。もし，パレート最適な部分でなければ，あるプレイヤーの利得を減らすことなくもう１人のプレイヤーの利得を増やすことができますから，$(u_A - u_A^0)(u_B - u_B^0)$ をもっと大きくできます。線分 KL は２点 $(6, 4)$，$(4, 6)$ を通りますから，その上の点 (u_A, u_B) は，$u_B = 10 - u_A$，$4 \leq u_A \leq 6$，と表すことができます。したがって，

$$(u_A - u_A^0)(u_B - u_B^0) = (u_A - 12/5)(10 - u_A - 12/5)$$
$$= (u_A - 12/5)(38/5 - u_A)$$
$$= -(u_A)^2 + 10u_A - 456/25 = -(u_A - 5)^2 + 169/25$$

と変形できます。$u_A = 5$ は条件 $4 \leq u_A \leq 6$ を満たします。したがって，$u^* = (5, 5)$ が線分 KL 上で $(u_A - u_A^0)(u_B - u_B^0)$ を最大にするものとなります。

本章末の練習問題としておきますので，さきに，利得の正アフィン変換からの独立性のところで述べた，事例5−1の利得を A については1/2倍し，B については１を加えた図5−4の交渉問題のナッシュ交渉解を上の方法で求め，利得の正アフィン変換からの独立性が成り立っていることを確かめてください。

153

6 ナッシュ交渉解に対する非協力 ゲームからのアプローチ

◎ナッシュの考えた交渉プロセス

ナッシュ交渉解は公理系から導かれたものですが，ナッシュ自身は，この交渉解がどのような交渉プロセスから生み出されるのかということにも関心を持っていました。ゲーム理論における1つの重要な研究領域として，非協力ゲームとナッシュ均衡を用いて協力ゲームの解を分析する分野があります。その出発点は，ナッシュ自身による交渉解の非協力ゲームによる分析であったため，この研究分野はナッシュの名を冠して**ナッシュプログラム**と呼ばれています。

ナッシュは，2人のプレイヤーが同時に自分の得たい利得を提出しあい，その組が実現可能集合に入っていればお互いその利得を獲得し，そうでなければ交渉の基準点の利得を獲得するという非協力ゲームを考えました。例えば，Ⅱ章の練習問題2がその例になっています。残念ながら，この練習問題で見たように，このゲームには多くのナッシュ均衡が存在します。

ナッシュは，その原因が，実現可能集合に入っていればその利得を得られるがそうでなければ交渉の基準点の利得に飛んでしまうという，この非協力ゲームの利得の不連続性にあると考えました。そこで，不連続な利得の動きを連続な動きで近似し，徐々に不連続な動きに近づけていったときの極限としてナッシュ交渉解が得られることを示しました。ただ，このナッシュのアイディアは残念ながら当時はあまり評価されませんでした。

ナッシュ交渉解がどのような非協力ゲームのナッシュ均衡として実現されるかは，ゲーム理論における大きな課題だったのですが，1980年代になって，ルービンシュタイン（A. Rubin-

V　2人協力ゲーム：交渉ゲーム

stein)が次のようなゲームを考えることにより解決しました。各プレイヤーが，自分と相手の取り分を交互に提示しあっていきます。そして，提示されたプレイヤーが提示案に合意した時点でゲームを終了し，そのときの提示案に従って利得を分けあうというゲームです。

ルービンシュタインは，このゲームにおいて，将来の利得に対する割引因子が1に近づいていけば，つまり将来の利得があまり割り引かれないのであれば，部分ゲーム完全均衡はナッシュ交渉解に近づいていくことを明らかにしました。詳しくは，岡田章『ゲーム理論』を参照してください。

7　譲渡可能効用とサイドペイメント

本章の最後に，効用に関して1つ重要なことを注意しておきます。

◎**事例5-2　利得行列の変更**

いま，事例5-1の利得のうち，両プレイヤーが「Y」を採用したときのAの利得が減って，表5-3のようになったとします。この戦略形ゲームに基づく実現可能集合は，図5-7のように与えられます。交渉の基準点は，このゲームのマックスミニ値の組(3/2, 12/5)としておきます。この交渉ゲームを事例5-2とします。

事例5-2のナッシュ交渉解は(107/20, 173/40)となります。章末の練習問題としておきますので，確かめてください。この点は，KとLを13：67に内分する点になりますから，ナッシュ交渉解は，戦略の組(X, X)を67/80，(Y, Y)を13/80の確率でとる相関戦略の期待利得として達成されます。

ここで少し考えを変えてみましょう。いま，2人のプレイヤーは話し合うのですから，利得の総和が最大の値6+4=10になるように戦略の組(X, X)をとり，合計10億円までの金額

155

表 5-3 事例 5-1 の利得行列の変更

(単位：億円)

A \ B	Xを採用	Yを採用
Xを採用	6, 4	0, 0
Yを採用	0, 0	2, 6

図 5-7 事例 5-2 の実現可能集合と交渉の基準点

(単位：億円)

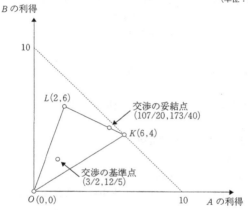

を分けあうということも考えられるのではないでしょうか。もしそうであれば，実現可能集合は図 5-7 の点線と 2 つの軸で囲まれる大きな三角形になってこれまでに比べて大きく広がり，両者にとってよりよい結果を作り出すことができます。実際，戦略の組 (X, X) をとり，プレイヤー A が利得 6 億円のうち 0.5 億円を B に渡すとすれば，両プレイヤーの利得は 5.5 億円と 4.5 億円になり，両プレイヤーともに，上のナッシュ交渉解における利得よりも大きな利得を得ることができます。

II 章の 13 節で述べたように，ゲームにおける利得は，本来ゲームの結果に対するフォン・ノイマン−モルゲンシュテルン

V 2人協力ゲーム：交渉ゲーム

効用の値です。事例5-1では，これが利潤というお金の値そのもので与えられていました。このような場合には，もしプレイヤー間でのお金の支払いが可能であれば，お金の支払いを通して効用を譲渡することができます。実は，お金の値そのものではなくても，お金に対して，その量が増えればそれに比例して増加するような効用を各プレイヤーが持っているときには，お金の支払いを通しての効用の譲渡が可能になります。

このような効用を**譲渡可能効用**と呼び，お金の支払いを**別払いないしはサイドペイメント**と呼びます。譲渡可能効用を仮定する協力ゲームを**譲渡可能効用ゲームないしはTUゲーム**と呼び，そうでないゲームを**非譲渡可能効用ゲームないしはNTUゲーム**と呼びます。TUというのは，transferable utility の頭文字，NTUというのは，non-transferable utility の頭文字です。NTUゲームとして分析するか，TUゲームとして分析するかは，考察する状況によって違ってきます。譲渡可能効用を仮定できる状況であればTUゲームとして分析すればよいし，そうでなければNTUゲームとして分析することになります。

交渉ゲームは，特に譲渡可能効用を仮定せずNTUゲームとして扱われるのが普通です。譲渡可能効用が仮定できる状況ですと，事例5-2で見たように実現可能集合が広がりますが，交渉の基準点と広がった実現可能集合を用いてナッシュ交渉解を考えることができます。例えば，事例5-2では，交渉の基準点が$(3/2, 12/5)$で，実現可能集合が図5-7の点線（線分$u_A + u_B = 10$，$0 \leq u_A \leq 10$）と2つの軸で囲まれた三角形です。このときのナッシュ交渉解はどこになるか考えてみてください。

譲渡可能効用について詳しくは，岡田章『ゲーム理論』を参照してください。

練習問題

1 3節の混合戦略と相関戦略の関係について，$(X, X)(Y, Y)$

157

をそれぞれ確率1/2で選択する相関戦略は，混合戦略では実現でき
ないことを確かめなさい。

　　2　5節の「利得の正アフィン変換からの独立性」で述べた事
例5-1の新たな利得行列に基づくナッシュ交渉解が（5/2, 6）に
なることを確かめなさい。

　　3　7節の事例5-2のナッシュ交渉解が（107/20, 173/40）と
なることを確かめなさい。

VI

多人数協力ゲーム：
特性関数形ゲーム

● 3人以上のゲームでは，プレイヤー全員が協力する場合だけでなく，そのうちの何人かが協力して他のプレイヤー達に対抗するという状況も生じてきます。

●このような状況を，プレイヤーの各グループに対し協力したときに得られる利得を与える特性関数によって表現します。これを特性関数形（提携形）ゲームといいます。

●特性関数形ゲームでは，さまざまな解が提案されていますが，そのうち，適用例の多いコア，仁，シャープレイ値の3つの解を説明します。

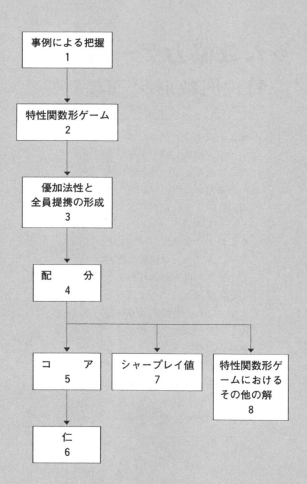

Ⅵ　多人数協力ゲーム：特性関数形ゲーム

　本章では，３人以上のプレイヤーが存在するときの協力ゲームを解説していきます。非協力ゲームでは，プレイヤーが２人の場合と３人以上の場合の間に本質的な違いはありませんでした。ゲームの表現方法も大きな違いはありませんし，分析の基本的なツールも同じナッシュ均衡の概念でした。

　しかしながら，協力ゲームでは，すでにⅤ章のはじめに述べたように，２人ゲームと３人以上のプレイヤーからなるゲームの間には大きな違いがあります。２人ゲームでは，２人のプレイヤーが協力するかしないか，そして協力したときの実現可能集合のなかでどの点が実現されるかが問題でした。３人以上の協力ゲームにおいても，プレイヤー全員の協力関係が結ばれるかどうか，そして，全員の協力関係が結ばれたときの実現可能集合のなかでどの点が実現されるかを，２人ゲームと同じようにして研究する方向もあります。

　しかしながら，３人以上のゲームでは，プレイヤー全員が協力する場合だけでなく，そのうちの何人かが協力して他のプレイヤーたちに対抗するという状況も生じてきます。このようなときには，協力するグループの実現可能集合は，このグループのプレイヤーの行動だけではなく，このグループに属さない他のプレイヤーたちがどのような協力関係を組みどのような行動をとってくるかにも依存しますから，実現可能集合を求めることは簡単なことではありません。フォン・ノイマンとモルゲンシュテルンは，このような状況を特性関数形ゲームと呼ばれる表現を用いて記述しました。本章では，この特性関数形ゲームを説明します。

　本章でも，事例をもとに説明を進めていきます。まず，特性関数形ゲーム表現を説明します。次いで，特性関数形ゲーム表現をもとに，プレイヤー全員が協力したときに得られる便益をプレイヤー間でどのように分けあうか，ないしは分けあえばよいかを，交渉の過程でプレイヤー間に様々な協力関係が形成さ

れることを考慮に入れながら考えます。協力ゲーム理論では，この便益の分配について，様々な考えに基づいて様々な解の概念が提示されています。本書では，そのうち，代表的な，そして応用例の多い解に絞って紹介します。

なお，本章では，説明を簡単にし特性関数形ゲームの本質的な部分を理解していただくために，各プレイヤーの効用がお金の値そのもので与えられ，プレイヤー間でお金の支払いを通しての効用の譲渡が可能であるような TU ゲームを考えていきます。譲渡可能効用を仮定しない NTU ゲームについては，鈴木光男・武藤滋夫『協力ゲームの理論』を参照してください。

1 事例による把握

◎事例6-1 投票による決定

A さん，B さん，C さんは，共同事業で得た100万円の分配をめぐって話し合いをしていたのですが，決着がつかず，投票で分配方法を決めることにしました。3人それぞれが1票を持ち，「3人で分ける」「A さんと B さんの2人で分ける」「A さんと C さんの2人で分ける」「B さんと C さんの2人で分ける」の4つの案のどれか1つに1票を投じます。過半数である2票以上を獲得した案が選ばれ，選ばれた案の当事者たちが彼らの間でどのように100万円を分けあうかを相談して決めます。「3人で分ける」というのは，もう一度3人で話し合おうという選択肢です。

投票の際の協力行動について事前に A さん，B さん，C さんの間で話し合いが行われるとすれば，どのような協力関係ができ，100万円はどのように分配されるでしょうか。

◎事例6-2 家の売買

A さんは，1000万円と評価している自分の家を売りに出そうとしています。いま，この家を購入したいと考えている B さ

んと C さんがいて，A さんの家を B さんは1200万円，C さんは1500万円と評価しているものとします。つまり，A さんは最低でも1000万円の価格で家を売りたいと思っており，B さん，C さんは，それぞれ1200万円，1500万円以下の価格で買いたいと思っています。A さんの家の売買をめぐって3人で話し合うとします。このとき，A さんの家は，B さん，C さんのどちらにいくらの価格で売却されるでしょうか。

◎事例6-3 費用の分担

3つの自治体 A, B, C が共通の水源から上水道を供給するための水道管を引こうと計画しているとします。いま，3つの自治体がそれぞれ別々に水道管を引けば，その建設には，A, B, C それぞれ7000万円，5500万円，6500万円の費用を要することがわかっています。

3つの自治体ともに財政的に苦しい状態にあり，費用を少しでも軽減する道を探っていたのですが，隣接している自治体 A と B は，協力して途中まで共通の水道管を引くことにより，別々に建設する場合よりも安く1億1900万円で A，B 両方を賄う水道管を建設できることがわかりました。同様に隣接している自治体 B，C も，協力して共通の水道管を引くことにより，1億1200万円で両方を賄う水道管を引けることがわかりました。自治体 A と C は離れて位置しているため，残念ながら協力して水道管を建設するメリットはありません。さらに，3自治体すべてが協力する可能性を探ったところ，1億7000万円の建設費用で3自治体すべてを賄える水道管を建設することができることがわかりました。3自治体はそれぞれできるだけ少ない費用で水道管を引こうと考えています。このとき，3自治体の間でどのような協力関係が形成され，各自治体はそれぞれどれだけの費用を支払えばよいでしょうか。

上の3つの事例は，いずれも簡単にしてはありますが，日常よく見られるものです。投票による決定は至るところで行われ

ていますし，商品の売買はわれわれが毎日経験していることで
す。また，大きな費用を要するプロジェクトはほとんどのもの
が共同事業として行われています。

　これらの例はそれぞれ状況は異なりますが，共通の要素を
持っています。つまり，複数の主体，すなわちプレイヤーがど
のように協力しあい，協力の結果得た便益をどのように分配す
るであろうか，ないしは分配すればよいかという問題です。事
例6-2でも，売買について話し合うことがプレイヤー間の協力
であり，価格の決定が協力の結果得た便益の分配になります。

　まず，それぞれの事例を特性関数を用いて表現することから
始めましょう。

2　特性関数形ゲーム

◎特性関数形ゲームの構成要素

　特性関数形ゲームにおいて重要なのは，プレイヤーは誰か，
そして，プレイヤーが協力したときに，それによってどれだ
けのものを得られるかということです。協力関係を結んだプレ
イヤーの集合を**提携**と呼びます。プレイヤーが1人で行動する
場合も便宜的に1人提携と呼ぶことにします。本章の冒頭で述
べたように，各プレイヤーの効用がお金の値そのもので与えら
れ，しかも別払いが可能な状況を考えていますので，各提携は
メンバーの利得の総和を最大化したうえでそれを分けあうこと
ができます。各提携に対して，提携外のプレイヤーの行動にか
かわらず獲得できる利得の総和の最大値を与える関数が，**特性
関数**です。

　特性関数形ゲームは，プレイヤーの集合と特性関数によって
記述されます。本書では，プレイヤーの集合をN，特性関数を
vで表すことにします。特性関数形ゲームは，プレイヤー間の
提携を基礎として考えていくため，**提携形ゲーム**と呼ばれるこ

VI 多人数協力ゲーム：特性関数形ゲーム

ともあります。

◎事例6-1の特性関数形ゲーム

事例6-1を特性関数形ゲームとして表現してみましょう。まず，プレイヤーの集合は$N=\{A, B, C\}$です。

次に，特性関数vの値を定めましょう。以下では，vの単位を100万円としておきます。まず，1人提携から考えます。例えば，Aだけからなる提携$\{A\}$を考えますと，Aだけでは過半数に達することができませんからどの案も通すことはできず，何も得られません。したがって，$v(\{A\})=0$です。同様に，$v(\{B\})=0$，$v(\{C\})=0$です。

次に，2人のプレイヤーの提携，例えば$\{A, B\}$を考えますと，この提携は過半数を占めます。したがって，「AとBの2人で分ける」という案を通すことができますから，A, Bで合わせて100万円を獲得できます。特性関数vの単位を100万円としましたから，$v(\{A, B\})=1$です。同様に，$v(\{A, C\})=1$，$v(\{B, C\})=1$です。

最後に全員提携$\{A, B, C\}$を考えますと，この提携はもちろん過半数を超えていますから，4つの案のいずれも通すことができます。いずれの案も3人全体として獲得できる額は100万円ですから，$v(\{A, B, C\})=1$です。

したがって，事例6-1の特性関数形ゲームは，

$$N=\{A, B, C\}, v(\{A, B, C\})=1, v(\{A, B\})=1,$$
$$v(\{A, C\})=1, v(\{B, C\})=1,$$
$$v(\{A\})=0, v(\{B\})=0, v(\{C\})=0$$

となります。

◎空提携は省く

特性関数形ゲームの理論では，通常，上に述べた様々な提携以外に，プレイヤーを誰も含まない実体のない提携（空提携ないしは空集合と呼びます）も考慮に入れ，この提携の特性関数の値は常にゼロとします。空提携は実体のない提携で以下の議

論には全く関係しませんので，本書では空提携は最初から省いておくことにします。

◎事例6-2の特性関数形ゲーム

事例6-2のプレイヤーの集合は，事例6-1と同様，$N=\{A, B, C\}$です。

次に特性関数ですが，まず提携$\{A, B\}$を考えてみましょう。いま，A, Bの話し合いの結果，AはBに1100万円で家を売ったとします。Aは家を1000万円と評価していましたから，$1100-1000=100$万円得をしたことになります。一方，Bは1200万円と評価していた家を1100万円で購入できたのですから，$1200-1100=100$万円得をしたことになります。したがって，AとBが得をした金額の和は$100+100=200$万円です。もし，家の売買価格が1150万円であったとすればどうでしょうか。この場合には，A, Bはそれぞれ$1150-1000=150$万円，$1200-1150=50$万円得をしたことになり，得をした金額の和は，やはり$150+50=200$万円です。実は，1000万円と1200万円の間のどのような金額で売買されようとも，A, Bの得をした金額の和は，常にAの評価額1000万円とBの評価額1200万円の差である200万円です。したがって，特性関数の値の単位を100万円として$v(\{A, B\})=2$です。

同様にして，提携$\{A, C\}$の特性関数の値は，Aの評価額が1000万円，Cの評価額が1500万円ですから，単位を100万円として$v(\{A, C\})=15-10=5$です。提携$\{B, C\}$については，BもCも家を持っていませんから協力したとしても何も得られません。したがって$v(\{B, C\})=0$です。また，A, B, Cはそれぞれ1人だけでは何も得られませんから，$v(\{A\})=v(\{B\})=v(\{C\})=0$です。

最後に，全員提携$\{A, B, C\}$を考えます。家は1軒しかありませんから，A, B, Cの3人が話し合ってできることは，Aの家をBに売るか，Cに売るかの2通りです。Bに売ったときに

は，AとBの評価額の差である200万円をAとBは得しますし，Cに売ったときには，AとCの評価額の差である500万円をAとCは得します。したがって，A，B，Cがそれぞれ得をした金額の総和の最大化を目指して行動するならば，AがCに売ってその評価額の差である500万円を3人で分けあうのが最適になります。したがって，$v(\{A, B, C\})=5$です。本章では，冒頭で述べたように譲渡可能効用を仮定し別払いが可能であるとしていますので，売買には直接関係しなかったBにも別払いによって何らかの金銭を支払うことが可能です。

以上により，事例6-2の特性関数形ゲームは，

$$N=\{A, B, C\}, v(\{A, B, C\})=5, v(\{A, B\})=2,$$
$$v(\{A, C\})=5, v(\{B, C\})=0,$$
$$v(\{A\})=0, v(\{B\})=0, v(\{C\})=0$$

となります。

◎事例6-3の特性関数形ゲーム

事例6-3のプレイヤーの集合は，これまでと同様，$N=\{A, B, C\}$です。

次に特性関数ですが，まず提携$\{A, B\}$を考えてみましょう。いま，A，Bの話し合いの結果，共同して水道管を引くことにしたとします。費用は1億1900万円です。それぞれ別々に水道管を引いたときにはAは7000万円，Bは5500万円かかりますから合わせて1億2500万円かかります。したがって，A，Bは協力することにより，1億2500万円－1億1900万円＝600万円の費用を軽減できます。これが，A，Bの協力によって得られる便益の値です。したがって，特性関数の単位を100万円として$v(\{A, B\})=6$です。

提携$\{B, C\}$も，B，Cが別々に水道管を引けばそれぞれ5500万円，6500万円かかるところを，共同して引けば1億1200万円ですみますから，特性関数の値は$v(\{B, C\})=55+65-112=8$です。提携$\{A, C\}$は協力しても費用を軽減できませんから，

$v(\{A, C\})=0$ です。また A, B, C 単独では費用を軽減できませんから，$v(\{A\})=v(\{B\})=v(\{C\})=0$ です。

最後に，全員提携 $\{A, B, C\}$ は，A, B, C がそれぞれ別々に水道管を引けば7000万円，5500万円，6500万円かかるところを，共同で引けば1億7000万円ですみますから，特性関数の値は，$v(\{A, B, C\})=70+55+65-170=20$ です。

まとめると，事例6-3の特性関数形ゲームは，

$N=\{A, B, C\}, v(\{A, B, C\})=20, v(\{A, B\})=6,$
$v(\{A, C\})=0, v(\{B, C\})=8,$
$v(\{A\})=0, v(\{B\})=0, v(\{C\})=0$

となります。

3　優加法性と全員提携の形成

◎全員提携の形成

以上の特性関数をもとに，協力ゲームにおける2つの問題，
①どのような提携が形成されるか
②形成された提携内でどのように利得が分配されるか
を考えていくことにしましょう。

特性関数形ゲーム理論では，①の問題については，全員提携が形成されるとして分析が行われています。その理由は以下のとおりです。

上の事例6-3の特性関数を振り返ってください。いま，3人のプレイヤーが全く協力関係を結んでいなかったとしましょう。$v(\{A\})=0, v(\{B\})=0, v(\{C\})=0$ ですから，3人はそれぞれ全く何も得ていません。ここで，$v(\{A, B\})=6>0=v(\{A\})+v(\{B\})$ ですから，もし，A, B が協力して提携 $\{A, B\}$ を作れば，それぞれが別々に行動している状態よりも多くの利得が得られます。したがって，A, B には，提携を作る動機があります。もし，A, B が提携を作ったとすると，$v(\{A, B, C\})=20$

$>6＝v(\{A, B\})+v(\{C\})$ ですから，提携 $\{A, B\}$ にさらに C が加わって全員提携 $\{A, B, C\}$ を作った方が全体としてより大きな利得を得ることができ，A, B にとっても，また C にとっても好ましい状態が得られます。したがって，最終的に全員提携 $\{A, B, C\}$ が形成されると考えられます。

このように，共通に属するプレイヤーが存在しない 2 つの提携について，それぞれが独立に行動したときの特性関数の値の合計よりも，一緒になって大きな提携として行動したときの特性関数の値の方が大きくなるならば，より大きな提携が形成されると考えられるでしょう。

◎優加法性は全員提携の形成を導く？

事例 6 - 3 においては，上で述べた，

$$v(\{A, B\})>v(\{A\})+v(\{B\})$$
$$v(\{A, B, C\})>v(\{A, B\})+v(\{C\})$$

だけでなく，

$$v(\{B, C\})>v(\{B\})+v(\{C\})$$
$$v(\{A, B, C\})>v(\{A, C\})+v(\{B\})$$
$$v(\{A, B, C\})>v(\{B, C\})+v(\{A\})$$

も成り立ちます。また，提携 $\{A,C\}$ については，不等号ではありませんが等号で $v(\{A,C\})＝0＝v(\{A\})+v(\{C\})$ が成り立ちます。このように，共通に属するプレイヤーが存在しないどのような 2 つの提携についても，2 つが一緒になって大きな提携として行動したときの特性関数の値が，それぞれが独自に行動したときの特性関数の値を加えたもの以上になるとき，特性関数は**優加法性**を満たすないしは優加法的であるといいます。

実際の問題から特性関数を作るとき，そのほとんどの場合，作られた特性関数は優加法性を満たします。事例 6 - 1，6 - 2 の特性関数もそうです。確かめてみてください。これまでの特性関数形ゲーム理論では，全員提携が形成されるとして理論が

展開されてきました。その背景には，特性関数の優加法性が暗黙のうちに仮定されていたものと思われます。そのため，関心は，もっぱら第2の問題，つまり全員提携が形成されたときに得られる総利得をプレイヤー間でどのように分けあうかという問題に向けられてきました。本書でも，優加法性を仮定して，この第2の問題について解説していきます。

　しかしながら，優加法性を仮定したとしても，全員提携が本当に形成されるかどうかは理論的に示されたものではありません。特性関数形ゲームには，フォン・ノイマンとモルゲンシュテルンによる安定集合，オーマンとマシュラー（M. Maschler）による交渉集合など，提携形成を視野に入れた解もありましたが，プレイヤー間の提携形成の詳しい分析は行われてきませんでした。最近になってようやく，非協力ゲーム理論からのアプローチも含め様々な角度からの分析が盛んに行われるようになってきました。

4　配分

◎特性関数形ゲームの解

　全員提携が形成されたときに得られる総利得を，プレイヤー間でどのように分けあうかという問題に入りましょう。

　特性関数形ゲーム理論では，プレイヤーたちが提携を組んで利得の分配をめぐる交渉を行ったときにどのような結果に落ち着くであろうか，プレイヤーたちを納得させられるような利得の分配はどのようなものであろうか，プレイヤーたちの力関係を反映して利得を分配するとすればそれはどのようなものになるであろうかといった様々な考えに基づいて，様々な解が考えられてきています。本書では，そのうち，経済学，社会学，政治学などの社会科学の諸分野，そして便益分配，費用分担などの計画問題を扱う経営科学，オペレーションズ・リサーチ等の

VI　多人数協力ゲーム：特性関数形ゲーム

諸分野において適用例の多い，コア，仁，シャープレイ値の3つの解に絞って紹介します。

◎配分

全員提携はすでに形成され，全員が協力したときに得られる特性関数の値 $v(N)$ をどのように分けあうかという問題を考えます。N は，前に述べたとおり，プレイヤー全員の集合を表します。

事例6‐3を使って説明を進めます。事例6‐3では，$N=\{A, B, C\}$ で，特性関数の値は，

$v(\{A, B, C\})=20,$

$v(\{A, B\})=6, v(\{A, C\})=0, v(\{B, C\})=8$

$v(\{A\})=0, v(\{B\})=0, v(\{C\})=0$

でした。問題は，$v(\{A, B, C\})=20$ を A, B, C 3人でどう分けあうかということです。

いま，A, B, C の取り分をそれぞれ x_A, x_B, x_C で表すことにします。これらの利得をベクトルの形で表した (x_A, x_B, x_C) を**利得ベクトル**といいます。利得ベクトルが満たすべき条件を考えましょう。まず，$v(\{A, B, C\})=20$ を分けあうのですから，当然 $x_A+x_B+x_C=v(\{A, B, C\})=20$ となっていなければならないでしょう。

次に，$x_A<v(\{A\})=0$ となっていたとしましょう。これは，自治体 A への利得の分配額が負，つまり3つの自治体が協力して2000万円が軽減されたにもかかわらず，自治体 A には全く還元されないばかりか，逆に A 単独で水道管を引く場合に要する費用にいくらか上乗せして支払わなければならないことを意味しています。したがって，もし $x_A<v(\{A\})=0$ であれば，自治体 A は全員提携から脱退し単独で水道管を引く道を選ぶでしょう。

A を全員提携のなかに留めておくためには，$x_A \geq v(\{A\})=0$ であることが必要です。自治体 B, C についても全く同様です。

171

B, Cを全員提携に留めておくためには，$x_B \geq v(\{B\}) = 0$，$x_C \geq v(\{C\}) = 0$でなければなりません。

まとめますと，A, B, Cの3つの自治体が全員提携のなかに留まるためには，利得ベクトルは少なくとも，① $x_A + x_B + x_C = v(\{A, B, C\}) = 20$，② $x_A \geq v(\{A\}) = 0$，$x_B \geq v(\{B\}) = 0$，$x_C \geq v(\{C\}) = 0$，の2つの条件を満たしている必要があります。①を**全体合理性**，②を**個人合理性**といいます。①②をともに満たす利得ベクトルを**配分**と呼び，特性関数形ゲームでは，通常は，この配分の中で解を考えます。

◎ 3人ゲームの配分の図示

解の説明に入る前に，1人提携の特性関数の値がゼロである3人ゲームの配分の全体を，正三角形を用いて表現できることを述べておきます。以下で解の説明を行う際に役立ちます。

上の事例6-3を使って説明しましょう。図6-1のように，高さが$v(\{A, B, C\}) = 20$である正三角形ABCを描きます。いま，三角形の中の点xをとり，xから三角形の3つの底辺に垂線をおろし，その長さをそれぞれx_A, x_B, x_Cとします。このとき，$x_A + x_B + x_C$は三角形の高さ$v(\{A, B, C\}) = 20$に等しくなります。

実際，図の点線のようにxとA, B, Cを結んで，3つの小さな三角形xAB, xBC, xCAを作りますと，それぞれの三角形の面積は，正三角形ABCの一辺の長さをlとするとき，$lx_C/2$，$lx_A/2$，$lx_B/2$となります。この3つの三角形を合わせれば，正三角形ABCになりますが，その面積は$lv(\{A, B, C\})/2$です。したがって，$lx_C/2 + lx_A/2 + lx_B/2 = lv(\{A, B, C\})/2$，整理すれば$x_A + x_B + x_C = v(\{A, B, C\})$が得られます。さらに，$x_A, x_B, x_C$は垂線の長さですから，負になることはなく，$x_A \geq v(\{A\}) = 0$，$x_B \geq v(\{B\}) = 0$，$x_C \geq v(\{C\}) = 0$も成り立ちます。したがって点$x$は配分$(x_A, x_B, x_C)$を表します。

すべての配分が，正三角形ABCの内部および辺上の点とし

図6-1　事例6-3の配分の全体

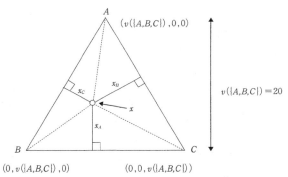

て表されることはすぐわかるでしょう。例えば，正三角形の内部はすべての利得が正になるような配分，辺 AB, BC, CA 上は，それぞれ C の利得，A の利得，B の利得がゼロになるような配分です。また，頂点 A は配分 $(v(\{A,B,C\}),0,0)$，頂点 B, C は，それぞれ配分 $(0,v(\{A,B,C\}),0), (0,0,v(\{A,B,C\}))$ になります。

それでは，解の説明に入りましょう。まず，協力ゲーム理論の解として最もポピュラーなコアから始めます。

5　コア

◎すべての提携が納得する配分

コアの基本的な考えは，すべての提携が満足し納得する配分ということです。考え方がストレートでわかりやすいところから，様々な分野でよく用いられています。事例6-3を使って説明しましょう。

いま，A, B, C が配分の中でどの利得ベクトルを選ぶかを話し合っているとし，例えば利得ベクトル $(x_A, x_B, x_C) = (15, 3, 2)$ が提案されたとします。A, B, C はこの利得ベクトルに納得

するでしょうか。

　配分の個人合理性から，A, B, Cはそれぞれ単独では納得するでしょう。単独では費用軽減はできないのですから，3自治体が協力したときの費用軽減分が少しでも割り当てられていれば，単独で水道管を引くよりもよくなります。

　それでは，A, B, Cのうちいずれか2つの自治体が提携を作ったときはどうでしょうか。まず，提携$\{A, B\}$は，$v(\{A, B\})$ ＝6ですからこの2つの自治体だけで協力して水道管を引くことにより600万円の費用を軽減できます。

　それに対して，上の利得ベクトルでは，2000万円の費用軽減分のうち，15＋3＝18で合わせて1800万円という600万円よりも大きな額がA, Bに与えられるのですから，この利得ベクトルに納得するでしょう。

　提携$\{A, C\}$は協力しても費用を軽減できないのですから，2000万円の費用軽減分のうち，A, Cに合わせて15＋2＝17，つまり1700万円が割り当てられるこの利得ベクトルにはもちろん納得するでしょう。

　最後に提携$\{B, C\}$はどうでしょうか。$v(\{B, C\})$＝8ですから，自治体B, Cは彼らだけで水道管を引くことにより800万円の費用を軽減できます。それに対して，上の利得ベクトルでは，2000万円の費用軽減分のうちB, Cに割り当てられるのは，3＋2＝5つまり500万円です。B, Cだけで水道管を引いた方がより多くの費用を軽減できるのですから，提携$\{B, C\}$は，$(15, 3, 2)$という配分には納得しないでしょう。もしこの配分が実行されるのであれば，B, Cは全員提携から脱退し彼らだけで水道管を引くに違いありません。

　次に，利得ベクトル$(x_A, x_B, x_C) = (6, 6, 8)$を考えてみます。これも配分になっていますから，$A, B, C$はそれぞれ単独では納得するでしょう。$x_A + x_B = 12 > 6 = v(\{A, B\})$ですから，提携$\{A, B\}$も納得するでしょう。提携$\{A, C\}$も同様です。さら

に，$x_B + x_C = 14 > 8 = v(\{B, C\})$ ですから，この配分について
は，提携 $\{B, C\}$ も納得すると考えられます。したがって，こ
の利得ベクトル $(6, 6, 8)$ に対しては，各プレイヤーはもちろん
のこと，どのような2人のプレイヤーの提携も満足し，全員提
携から脱退することはないでしょう。

このように，すべての提携（ただし，全員提携は除きます）
に対して，その提携の特性関数の値以上の利得を与える配分を
提携合理性を満たす配分といい，提携合理性を満たす配分をす
べて集めたものを**コア**といいます。プレイヤーが4人以上の
ゲームについても同様です。

コアのアイデアは，すでにフォン・ノイマンとモルゲンシュ
テルンの *Theory of Games and Economic Behavior*（『ゲームの理
論と経済行動』銀林浩ほか訳）に現れていましたが，明確にコ
アという名前が与えられたのはギリース（D. B. Gillies）によっ
てです。

◎提携の不満

上の事例6-3の配分 $(15, 3, 2)$ において，提携 $\{B, C\}$ が納得
しなかったのは，彼らだけで $v(\{B, C\}) = 8$ が得られるのに $3 + 2 = 5$ しか彼らに与えられなかったためです。この差 $8 - 5 = 3$
を，配分 $(15, 3, 2)$ に対する提携 $\{B, C\}$ の**不満**と呼びます。

コアとは，全員提携を除くすべての提携に正の不満を与えな
い配分の集まりである，と言い換えることもできます。

◎事例6-1のコア

事例6-1，6-2，6-3のコアを求めてみましょう。事例
6-1の特性関数の値は次のように与えられていました。単位
は100万円です。

$v(\{A, B, C\}) = 1$

$v(\{A, B\}) = 1$, $v(\{A, C\}) = 1$, $v(\{B, C\}) = 1$

$v(\{A\}) = 0$, $v(\{B\}) = 0$, $v(\{C\}) = 0$

したがって，コアに属する配分 (x_A, x_B, x_C) は，まず，配分の

条件から，

    $x_A + x_B + x_C = 1$, $x_A \geq 0$, $x_B \geq 0$, $x_C \geq 0$

を満たさなければなりません。さらに，提携合理性から，全員提携を除くすべての提携，つまり $\{A, B\}$，$\{A, C\}$，$\{B, C\}$，$\{A\}$，$\{B\}$，$\{C\}$ に対して，

    $x_A + x_B \geq 1$, $x_A + x_C \geq 1$, $x_B + x_C \geq 1$, $x_A \geq 0$, $x_B \geq 0$, $x_C \geq 0$

を満たすものでなければなりません。

いま，2人提携に対する提携合理性の条件 $x_A + x_B \geq 1$, $x_A + x_C \geq 1$, $x_B + x_C \geq 1$ を加えますと，$2(x_A + x_B + x_C) \geq 3$，したがって，$x_A + x_B + x_C \geq 3/2$ となっていなければなりません。しかしながら，これは，配分の条件（全体合理性の条件）$x_A + x_B + x_C = 1$ に矛盾します。したがって，事例6-1ではコアに属する配分は存在しません。このようなときに，数学的には「コアは空集合である」といいます。これが正確な言い方ですが，本書では，簡単に「コアは存在しない」という言い方を用いることにします。

したがって，この事例では，100万円を多数決によって分けるときに，3人が集まって話し合ったとしても，すべての提携に特性関数の値以上を与えることができ，彼らを満足させ納得させることのできる分け方は存在しないことになります。

◎事例6-2のコア

事例6-2の特性関数の値は次のように与えられていました。単位は100万円です。

    $v(\{A, B, C\}) = 5$

    $v(\{A, B\}) = 2$, $v(\{A, C\}) = 5$, $v(\{B, C\}) = 0$

    $v(\{A\}) = 0$, $v(\{B\}) = 0$, $v(\{C\}) = 0$

コアに属する配分を (x_A, x_B, x_C) とすると，まず，配分の条件から，

    $x_A + x_B + x_C = 5$, $x_A \geq 0$, $x_B \geq 0$, $x_C \geq 0$

を満たさなければなりません。さらに，提携合理性から，

図6-2 事例6-2のコアの図示

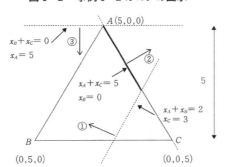

$x_A+x_B\geq 2$, $x_A+x_C\geq 5$, $x_B+x_C\geq 0$, $x_A\geq 0$, $x_B\geq 0$, $x_C\geq 0$
を満たすものでなければなりません。

$x_A+x_B+x_C=5$, $x_A+x_C\geq 5$, $x_B\geq 0$ の3つの条件より, $x_A+x_C=5, x_B=0$ となります。よって, コアに属する配分は,

$x_A+x_C=5$, $x_B=0$ で, $x_A+x_B\geq 2$

したがって $x_A\geq 2$ かつ $x_C\geq 0$

となる (x_A, x_B, x_C) です。図6-2の太線の部分がコアです。①②③の領域は, それぞれ $x_A+x_B\geq 2$ (ないしは $x_C\leq 3$), $x_A+x_C\geq 5$ (ないしは $x_B\leq 0$), $x_B+x_C\geq 0$ (ないしは $x_A\leq 5$) の領域を示しています。

$x_B=0$ ですから, Bは何も得られず, 高い評価をしていたCがAの家を買います。さらに, $x_A\geq 2$ ですから, AはCに家を売ることにより200万円以上の利得を得ます。Aは自分の家を1000万円と評価していたのですから, このことは, Aが1000+200=1200万円以上, つまりBの評価額以上の価格でCに家を売ることを意味しています。

◎事例6-3のコア

事例6-3の特性関数の値は次のように与えられていました。単位は100万円です。

図6-3　事例6-3のコアの図示

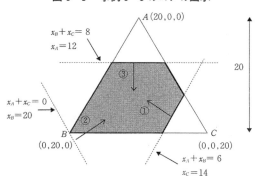

$v(\{A,B,C\})=20$
$v(\{A,B\})=6,\ v(\{A,C\})=0,\ v(\{B,C\})=8$
$v(\{A\})=0,\ v(\{B\})=0,\ v(\{C\})=0$

コアに属する配分を(x_A, x_B, x_C)とすると，まず，配分の条件から，

$x_A+x_B+x_C=20,\ x_A\geq 0,\ x_B\geq 0,\ x_C\geq 0$

を満たさなければなりません。さらに，提携合理性から，

$x_A+x_B\geq 6,\ x_A+x_C\geq 0,\ x_B+x_C\geq 8,\ x_A\geq 0,\ x_B\geq 0,\ x_C\geq 0$

を満たすものでなければなりません。

正三角形の図を使って，コアを図示してみましょう。$x_A+x_B\geq 6,\ x_A+x_C\geq 0,\ x_B+x_C\geq 8$は，それぞれ$x_A+x_B+x_C=20$を用いて，$x_C\leq 14$（①の領域），$x_B\leq 20$（②の領域），$x_A\leq 12$（③の領域）と同じことです。したがって，コアは図6-3の影をつけた領域として与えられます。

コアの領域は，配分のうち$x_A\leq 12,\ x_C\leq 14$となる部分であり，したがって，コアに属する配分は，3自治体が協力して水道管を引いたときの費用軽減分2000万円のうち，Aには1200万円以下を還元し，Cには1400万円以下を還元するものとなりま

す。事例6-3のコアは，図6-3からわかるようにかなり大きな領域です。事例6-3においては，コアは非常に多くの配分を含んでいるため，各自治体の費用分担額を決定するためにはあまり役に立ちません。

◎コアの問題点

コアは，プレイヤーのどのような提携に対してもその提携だけで獲得できる以上の値を与える配分の集まりですから，どの提携も不満を持ちません。したがって，コアに属する配分であれば，どのプレイヤーもそれに納得し受け入れることでしょう。このように，コアの考え方はシンプルでわかりやすいため，費用分担，便益分配など，多くの計画問題においてその解決策を与える指針として用いられてきています。

また，コアの配分は，プレイヤーが提携を組んで利得分配の交渉を行ったときに，どの提携もそこから逸脱しない安定した状態を与えます。したがって，経済学における財の取引など，様々な状況における安定な結果を分析するためにもよく用いられています。

しかしながら，コアにも問題点があります。1つは，事例6-1で見たようにコアが存在しない場合もあることです。このときには，コアは何の解決策も与えませんし，コアを用いて安定した結果を分析することもできません。いま1つは，事例6-3で見たようにコアが非常に大きな領域になる場合もあることです。特に，便益分配，費用分担などで1つの解決策が欲しいときには，コアを用いるだけでは十分な解決策は与えられないことになります。

以下では，プレイヤー全員を納得させるような配分を与えるという観点に立ち，そしてどのような提携にも不満を与えない配分の集まりであるというコアのアイディアを活かしながら，常に存在し，しかもただ1つの配分を与えるような解の可能性を探ってみましょう。

6　仁

◎提携の不満をできるだけ小さくする

前節で述べたように，コアはどの提携にも不満を持たせないような，つまり最大の不満を持つ提携の不満の量がゼロを超えないような配分の集まりでした。最大の不満がゼロを超えるときにはコアは存在しませんし，最大の不満がゼロを超えない配分が多数あるときにはコアは大きな集合になってしまいます。

そこで，各提携の不満の量をもとに，次のような配分の比較の方法を考えます。2つの配分について，まず最大の不満の量を比べてその小さい方を好ましいと考えます。もし最大の不満の量が等しければ，2番目に大きな不満の量を比べて小さい方を好ましいと考えます。もし2番目に大きな不満も等しければ，3番目に大きな不満，それも等しければ4番目に大きな不満……と比較していって，それぞれ小さな方の配分を好ましいと考えます。このような配分の比較をしていったときに，最も好ましい配分として与えられるのが，シュマイドラー (D. Schmeidler) によって定義された仁です。いま，配分を考えていますから，全体合理性によって，どのような配分に関しても全員提携に関する不満は常にゼロです。したがって，以下では，各配分に対して，全員提携を除く残りの提携の不満の量を比較します。

事例6-3を用いてこのプロセスを詳しく説明しましょう。

◎配分間の比較

まず事例6-3の特性関数の値は次のように与えられていたことを思い出してください。

$v(\{A, B, C\}) = 20$

$v(\{A, B\}) = 6, v(\{A, C\}) = 0, v(\{B, C\}) = 8$

$v(\{A\}) = 0, v(\{B\}) = 0, v(\{C\}) = 0$

VI 多人数協力ゲーム:特性関数形ゲーム

したがって,配分は,

$$x_A + x_B + x_C = v(\{A, B, C\}) = 20$$

$$x_A \geq v(\{A\}) = 0, \ x_B \geq v(\{B\}) = 0, \ x_C \geq v(\{C\}) = 0$$

を満たす利得ベクトル (x_A, x_B, x_C) です。

　例えば,2つの配分 $(6, 0, 14)$ と $(12, 4, 4)$ を比較してみましょう。まず,配分 $(6, 0, 14)$ に対する,全員提携を除く各提携の不満は以下のように与えられます。

提携 $\{A, B\}$: $v(\{A, B\}) - (x_A + x_B) = 6 - (6 + 0) = 0$

提携 $\{A, C\}$: $v(\{A, C\}) - (x_A + x_C) = 0 - (6 + 14) = -20$

提携 $\{B, C\}$: $v(\{B, C\}) - (x_B + x_C) = 8 - (0 + 14) = -6$

提携 $\{A\}$: $v(\{A\}) - x_A = 0 - 6 = -6$

提携 $\{B\}$: $v(\{B\}) - x_B = 0 - 0 = 0$

提携 $\{C\}$: $v(\{C\}) - x_C = 0 - 14 = -14$

　したがって,配分 $(6, 0, 14)$ に対する各提携の不満を大きいものから順に並べたベクトルは $(0, 0, -6, -6, -14, -20)$ です。前から順に,0は提携 $\{A, B\}$,$\{B\}$,-6 は $\{B, C\}$,$\{A\}$,-14 は $\{C\}$,-20 は $\{A, C\}$ の不満の量です。

　配分 $(12, 4, 4)$ に対する,全員提携を除く各提携の不満は,

提携 $\{A, B\}$: $v(\{A, B\}) - (x_A + x_B) = 6 - (12 + 4) = -10$

提携 $\{A, C\}$: $v(\{A, C\}) - (x_A + x_C) = 0 - (12 + 4) = -16$

提携 $\{B, C\}$: $v(\{B, C\}) - (x_B + x_C) = 8 - (4 + 4) = 0$

提携 $\{A\}$: $v(\{A\}) - x_A = 0 - 12 = -12$

提携 $\{B\}$: $v(\{B\}) - x_B = 0 - 4 = -4$

提携 $\{C\}$: $v(\{C\}) - x_C = 0 - 4 = -4$

で与えられ,各提携の不満を大きいものから順に並べたベクトルは,$(0, -4, -4, -10, -12, -16)$ です。前から順に,0は提携 $\{B, C\}$,-4 は $\{B\}$,$\{C\}$,-10 は $\{A, B\}$,-12 は $\{A\}$,-16 は $\{A, C\}$ の不満の量です。

　2つのベクトル

$$(0, \ 0, -6, -6, -14, -20),$$

$(0, -4, -4, -10, -12, -16)$

を比較するのですが，まず，不満の量の総和はいずれも -46 で同じであることを注意しておきます。上の配分 $(6, 0, 14)$，$(12, 4, 4)$ の不満を求めた式からわかるように，不満の量の総和は，

$$v(\{A, B\}) + v(\{A, C\}) + v(\{B, C\})$$
$$+ v(\{A\}) + v(\{B\}) + v(\{C\}) - 3(x_A + x_B + x_C)$$

になります。配分の全体合理性から $x_A + x_B + x_C = v(\{A, B, C\})$ ですから，不満の量の総和は，x_A, x_B, x_C の値に依存せず，どのような配分についても一定の値，

$$v(\{A, B\}) + v(\{A, C\}) + v(\{B, C\})$$
$$+ v(\{A\}) + v(\{B\}) + v(\{C\}) - 3v(\{A, B, C\})$$

です。

　そこで，2つのベクトルを不満の量の大きい前の方から比較していきます。まず，最大の不満はどちらも 0 で同じですから，第2番目の不満を比較します。第2番目の不満は 0 と -4 で -4 の方が小さいですから，後者のベクトルを与える配分 $(12, 4, 4)$ の方が好ましいと考えます。このとき，配分 $(12, 4, 4)$ は配分 $(6, 0, 14)$ よりも**受容的**であるといいます。

　このように，2つの配分について，それぞれの不満の量を大きなものから順に並べたベクトルを作り，まず，第1番目の成分について比較しこれが小さい方を受容的であるといいます。もし，1番目の成分が等しければ，2番目の成分を比較してこれが小さい方を受容的であるといいます。もし，2番目の成分も等しければ，3番目を比較し……というように続けていきます。すなわち，第1成分から対応する成分ごとに不満を比較していき，初めて不満の量が異なるところで小さい不満の量を持つ配分の方が他の配分より受容的であるといいます。

　◎仁

　より受容的な配分の存在しない配分の集まりを仁といいます。仁は集合として定義されますが，実は，常に存在してしか

もただ１つの配分からなることが証明されています。証明は本書のレベルを超えます。鈴木光男・中村健二郎『社会システム』を参照してください。さらに，仁はコアが存在するときには必ずコアに含まれます。これは，それほど難しくなく示すことができます。章末の練習問題としておきますので，考えてみてください。４人以上のゲームにおいても，仁は同様に定義できますし，以上の性質も成り立ちます。

このように，仁は常にただ１つの配分を与えますし，しかも提携の不満をできるだけ均等化します。さらに，コアが存在するときには，コアに含まれますからどの提携にも不満を持たせないという性質も持っています。したがって，費用分担，便益分配などの解決案として，人々を納得させるという点から見て有用かつ重要な解概念であるといえます。

◎仁の求め方

その定義からわかるように，仁は最大の不満が最も小さくなる配分でなければなりません。最大の不満から比較していくのですから，そうでなければそれよりも受容的な配分が存在してしまいます。もし最大の不満が最小になる配分が複数存在する場合には，その中で２番目の不満が最も小さくなるものでなければなりません。さらに２番目の不満が最小になるものが複数あるときには，３番目の不満が最も小さくなるものでなければなりません。以下，この手続きを繰り返していきます。そして，最後に得られた配分が仁になります。

◎最大の不満を最小にする

事例６-３を用いて具体的に説明しましょう。まず，配分(x_A, x_B, x_C)に対する全員提携を除く各提携の不満の量は，

提携 $\{A, B\}$: $v(\{A, B\}) - (x_A + x_B) = 6 - (x_A + x_B)$

提携 $\{A, C\}$: $v(\{A, C\}) - (x_A + x_C) = 0 - (x_A + x_C)$
$$= -(x_A + x_C)$$

提携 $\{B, C\}$: $v(\{B, C\}) - (x_B + x_C) = 8 - (x_B + x_C)$

提携 $\{A\}$: $v(\{A\}) - x_A = 0 - x_A = -x_A$

提携 $\{B\}$: $v(\{B\}) - x_B = 0 - x_B = -x_B$

提携 $\{C\}$: $v(\{C\}) - x_C = 0 - x_C = -x_C$

です。いま，(x_A, x_B, x_C) における最大の不満の量を M としますと，各提携の不満は M 以下ですから，

$$6 - (x_A + x_B) \leq M, \ -(x_A + x_C) \leq M, \ 8 - (x_B + x_C) \leq M \tag{*}$$
$$-x_A \leq M, \ -x_B \leq M, \ -x_C \leq M$$

が成り立ちます。最大の不満の量をできるだけ小さくしたかったのですから，条件 (*) のもとで M を最小にする問題を考えればよいことになります。このような問題は「線形計画問題」と呼ばれて，解き方が知られています。詳しくは，刀根薫『オペレーションズ・リサーチ読本』を参照してください。

ただし，この例は線形計画問題の解法を知らなくても解くことができますので，解いてみましょう。まず，全員提携に関する全体合理性の条件 $x_A + x_B + x_C = 20$ より，$-(x_A + x_B) = -20 + x_C$，$-(x_A + x_C) = -20 + x_B$，$-(x_B + x_C) = -20 + x_A$ ですから，条件 (*) の 6 つの不等式は，

$$-M \leq x_A \leq 12 + M, \ -M \leq x_B \leq 20 + M, \ -M \leq x_C \leq 14 + M \tag{**}$$
$$-3M \leq x_A + x_B + x_C = 20 \leq 46 + 3M$$

とまとめられます。条件 (**) を満たす x_A, x_B, x_C が存在する限り，最大の不満の量を M とする配分が存在します。次に，条件 (**) を満たす x_A, x_B, x_C が存在する範囲で M をできるだけ小さくします。どこまで小さくできるでしょうか。いま，M を小さくしていったときに，$M = -6$ ですと，

$$6 \leq x_A \leq 6, \ 6 \leq x_B \leq 14, \ 6 \leq x_C \leq 8$$
$$18 \leq x_A + x_B + x_C = 20 \leq 28$$

で，この条件を満たす x_A, x_B, x_C は存在します。しかしながら，M を -6 よりわずかでも小さくしますと，$-M \leq x_A \leq 12 + M$ を満たす x_A は存在しなくなります。したがって，条件 (**) を満たす x_A, x_B, x_C が存在する範囲での M の最小値は -6 で，こ

れを達成する配分 (x_A, x_B, x_C) は，

$$x_A = 6, \quad 6 \leq x_B \leq 14, \quad 6 \leq x_C \leq 8$$

を満たすものとなります。このとき，$-x_A \leq M, -x_B \leq M, -x_C \leq M$ も満たされています。全体合理性から，$x_A = 6$ は $x_B + x_C = 14$ と書き直すこともできます。このような (x_A, x_B, x_C) の全体が最大の不満を最小にする領域です。この領域における最大の不満 -6 を達成する提携は，$\{B, C\}$ と $\{A\}$ です。

◎次に大きな不満を最小にする

最大の不満を最小にする配分は複数存在します。そこで，このような配分のうち，次に大きな不満を最小にするものを求めましょう。最大の不満を最小にする配分の領域は，$x_A = 6$（ないしは $x_B + x_C = 14$）で，$6 \leq x_B \leq 14$, $6 \leq x_C \leq 8$ です。表記を簡単にするために，$x_B + x_C = 14$ から $x_C = 14 - x_B$ として，変数を x_B 1 つにします。$6 \leq x_C \leq 8$ ですから $6 \leq x_B \leq 8$ です。各提携の不満に $x_A = 6$，$x_C = 14 - x_B (6 \leq x_B \leq 8)$ を代入すると，

提携 $\{A, B\}$：$v(\{A, B\}) - (x_A + x_B) = 6 - (6 + x_B) = -x_B$

提携 $\{A, C\}$：$v(\{A, C\}) - (x_A + x_C) = 0 - (6 + 14 - x_B)$
$$= -20 + x_B$$

提携 $\{B, C\}$：$v(\{B, C\}) - (x_B + x_C) = 8 - (x_B + 14 - x_B)$
$$= -6$$

提携 $\{A\}$：$v(\{A\}) - x_A = 0 - 6 = -6$

提携 $\{B\}$：$v(\{B\}) - x_B = 0 - x_B = -x_B$

提携 $\{C\}$：$v(\{C\}) - x_C = 0 - (14 - x_B) = -14 + x_B$

となります。$6 \leq x_B \leq 8$ ですから，不満の量が -6 である提携 $\{B, C\}$ と $\{A\}$ を除いた，4 つの提携 $\{A, B\}$, $\{A, C\}$, $\{B\}$, $\{C\}$ の不満はすべて -6 以下です。そこで，この 4 つの提携の不満の量の最大値を M' とすると，

$$-x_B \leq M', \quad -20 + x_B \leq M', \quad -x_B \leq M', \quad -14 + x_B \leq M'$$

です。M' は 2 つの -6 に続く 3 番目に大きな不満の量です。この 4 つの不等式を満たす x_B の範囲は，

$$-M' \leq x_B \leq 14 + M'$$

です。この条件を満たす x_B が存在する限り，4つの提携の最大の不満を M' とする配分が存在します。いま，3番目に大きな不満の量を最小にしたかったのですから，$-M' \leq x_B \leq 14 + M'$ を満たす M' の最小値を求めますと，ただちにわかるように -7 となります。そのときの x_B の値は7です。$6 \leq x_B \leq 8$ の条件を確かに満たしています。$x_C = 14 - x_B$ より $x_C = 7$ です。これ

C O F F E E B R E A K

───ユダヤ教の教典にあったゲーム理論！───

　いまから2000年ほど前に編纂されたユダヤ教の教典タルムードに次のような大変興味深い記述がありました。

　「ある人が亡くなって，ごくわずかの遺産と多額の負債が残されました。債権者は，A さん，B さん，C さんの3人で，それぞれ債権額は100，200，300であるとします。このとき，もし残された遺産が100であれば，これを3人で等しく100/3ずつに分けなさい。もし200であれば，A は50を得て，残りの150を B と C で等しく75ずつに分けなさい。もし残された遺産が300であれば，債権額に比例して 1：2：3に，つまり A は50，B は100，C は150に分けなさい」

　残された遺産の額によって配分方法が違います。「この配分方法に何か共通の原理があるのだろうか，もしあるとすればどのような原理なのだろうか」という問題は，長くユダヤ人たちを悩ませてきました。

　1985年にイスラエルの2人のゲーム理論家，オーマンとマシュラーが *Journal of Economic Theory* に発表した論文によって，この配分方法は協力ゲーム理論の解である仁に基づくものであることが明らかにされました。2人はこれを発見したとき大変興奮したといわれています。詳しくは，鈴木光男『新ゲーム理論』を参照してください。

で1つの配分$(6, 7, 7)$が得られました。これが仁です。

　したがって，事例6-3の仁は$(6, 7, 7)$です。単位は100万円にとってありましたから，仁におけるA, B, Cの利得は，それぞれ600万円，700万円，700万円です。特性関数の値は各提携を組んだときの費用の軽減分で与えてありましたから，これは，全員提携を組んだときの費用軽減分2000万円を，600万円，700万円，700万円と分けあうことを意味しています。

　A, B, Cは，それぞれ単独では，7000万円，5500万円，6500万円必要としましたから，3自治体で協力して水道管を引いたときに要する費用1億7000万円のうち，Aは$7000 - 600 = 6400$万円，Bは$5500 - 700 = 4800$万円，Cは$6500 - 700 = 5800$万円負担すればよいことになります。これが仁の与える費用分担です。

　事例6-3は簡単な3人ゲームですから，3番目に大きな不満まで考えることにより仁を求めることができました。一般には，さらに4番目の不満，5番目の不満と，それぞれの不満を最小にするプロセスを繰り返すことにより仁を求めることができます。第2番目以降の不満も，最大の不満の場合と同様，線形計画問題を解いて最小化することができます。したがって，仁は線形計画問題を繰り返し解いていくことにより求めることができます。

7　シャープレイ値

◎プレイヤーの貢献度

　シャープレイ値は，全員提携の形成において各プレイヤーがどれだけの貢献をしているかを考え，貢献度の度合いに基づいて各プレイヤーへの利得の分配を定めます。これまでのコア，仁とは全く違った考え方ですので，頭を切り換えてください。

　もともとは，シャープレイ値はナッシュ交渉解と同じように公理系から導かれたのですが，それは本節の最後に述べること

とし，まずシャープレイ値の考え方を事例を使って説明することから始めましょう。

事例6-3を思い出してください。特性関数は，

$v(\{A, B, C\}) = 20$

$v(\{A, B\}) = 6,\ v(\{A, C\}) = 0,\ v(\{B, C\}) = 8$

$v(\{A\}) = 0,\ v(\{B\}) = 0,\ v(\{C\}) = 0$

と与えられていました。単位は100万円です。

まず，提携における各プレイヤーの貢献度を次のように定義します。例えば，提携 $\{A, B\}$ は $v(\{A, B\}) = 6$ を得ることができます。いま，この提携からAが抜けると，B1人からなる提携 $\{B\}$ になり，獲得できる量は $v(\{B\}) = 0$ になります。したがって，Aが抜けることにより，提携が獲得できる量は $v(\{A, B\}) = 6$ から $v(\{B\}) = 0$ に減り，この差 $v(\{A, B\}) - v(\{B\}) = 6 - 0 = 6$ を，提携 $\{A, B\}$ におけるプレイヤーAの**貢献度**といいます。同様に，提携 $\{A, B\}$ におけるプレイヤーBの貢献度は，$v(\{A, B\}) - v(\{A\}) = 6 - 0 = 6$ になります。

他の提携についても同様にしてプレイヤーの貢献度を考えます。例えば，提携 $\{A, B, C\}$ におけるプレイヤーAの貢献度は，提携 $\{A, B, C\}$ からAが抜けると提携 $\{B, C\}$ になりますから，$v(\{A, B, C\}) - v(\{B, C\}) = 20 - 8 = 12$ です。また，提携 $\{A, B, C\}$ におけるプレイヤーB，Cの貢献度は，それぞれ $v(\{A, B, C\}) - v(\{A, C\}) = 20 - 0 = 20$，$v(\{A, B, C\}) - v(\{A, B\}) = 20 - 6 = 14$ です。さらに，提携 $\{A\}$ における A 自身の貢献度は $v(\{A\}) = 0$ ですから 0 です。

事例6-3の各提携における各プレイヤーの貢献度をまとめたのが，表6-1です。

◎**全員提携の形成における各プレイヤーの貢献度**

次に，全員提携が形成されるときの各プレイヤーの貢献度を調べます。シャープレイ値では，1人ずつプレイヤーが加わっていく全員提携の形成を考えます。

VI　多人数協力ゲーム：特性関数形ゲーム

表6-1　事例6-3における各プレイヤーの貢献度

	貢　献　度		
	プレイヤーA	プレイヤーB	プレイヤーC
提携 $\{A, B, C\}$	$20-8=12$	$20-0=20$	$20-6=14$
提携 $\{A, B\}$	$6-0=6$	$6-0=6$	—
提携 $\{A, C\}$	$0-0=0$	—	$0-0=0$
提携 $\{B, C\}$	—	$8-0=8$	$8-0=8$
提携 $\{A\}$	0	—	—
提携 $\{B\}$	—	0	—
提携 $\{C\}$	—	—	0

　例えば，最初にプレイヤーAがいて，そこにBが加わり，最後にCが加わっていく全員提携の形成を考えてみましょう。このような提携の形成を，以下$A \leftarrow B \leftarrow C$と表すことにします。この全員提携の形成において，$A$の貢献度は$v(\{A\})=0$です。次に，$B$が加わって提携$\{A, B\}$ができたのですから，$B$の貢献度は$v(\{A, B\})-v(\{A\})=6-0=6$，最後に$C$が加わって提携$\{A, B, C\}$ができたのですから，$C$の貢献度は，$v(\{A, B, C\})-v(\{A, B\})=20-6=14$です。したがって，$A \leftarrow B \leftarrow C$という全員提携の形成においては，$A, B, C$の貢献度はそれぞれ$0, 6, 14$です。

　提携形成の順番が変われば，各プレイヤーの貢献度は変わります。例えば，C, A, Bの順に全員提携が形成される$C \leftarrow A \leftarrow B$であれば，$A, B, C$の貢献度は，それぞれ，$v(\{A, C\})-v(\{C\})=0-0=0$，$v(\{A, B, C\})-v(\{A, C\})=20-0=20$，$v(\{C\})=0$になります。全員提携の形成の方法は，3人のプレイヤーの順列の数ですから全部で$3！=6$通りあります。表6-2に各提携形成の方法における各プレイヤーの貢献度をまとめておきます。

◎貢献度の期待値

　最後に，すべての全員提携の形成の方法が同じ確率で起こる

表6-2　事例6-3における全員提携の形成と
　　　　各プレイヤーの貢献度

	貢　献　度		
	プレイヤーA	プレイヤーB	プレイヤーC
$A{\leftarrow}B{\leftarrow}C$	0	6－0 ＝ 6	20－ 6 ＝14
$A{\leftarrow}C{\leftarrow}B$	0	20－0 ＝20	0－0 ＝ 0
$B{\leftarrow}A{\leftarrow}C$	6－0 ＝ 6	0	20－ 6 ＝14
$B{\leftarrow}C{\leftarrow}A$	20－8 ＝12	0	8－0 ＝ 8
$C{\leftarrow}A{\leftarrow}B$	0－0 ＝ 0	20－0 ＝20	0
$C{\leftarrow}B{\leftarrow}A$	20－8 ＝12	8－0 ＝ 8	0

とし，各プレイヤーの貢献度の期待値をとります。この期待値
を各**プレイヤーのシャープレイ値**といい，各プレイヤーの
シャープレイ値を並べたベクトルのことを，単に**シャープレイ
値**といいます。3人ゲームだけでなく，4人以上のゲームにお
いてもシャープレイ値は同様に定義されます。

　事例6-3では，表6-2にある6通りの提携形成の方法がす
べて同じ確率1/6で起こるとすると，プレイヤーA, B, Cの
シャープレイ値は，それぞれ，$(0+0+6+12+0+12)/6＝5$，
$(6+20+0+0+20+8)/6＝9$，$(14+0+14+8+0+0)/6＝6$とな
りますから，シャープレイ値は$(5, 9, 6)$です。

　A, B, Cのシャープレイ値の合計は，$5+9+6＝20＝v(\{A, B,$
$C\})$であり，$5, 9, 6$はすべて正で，$v(\{A\})$，$v(\{B\})$，$v(\{C\})$の
値以上になっていますから，シャープレイ値$(5, 9, 6)$は事例6-
3の配分になっていることに注意してください。

　シャープレイ値によれば，事例6-3では，費用軽減分2000
万円はA, B, Cの自治体にそれぞれ，500万円，900万円，600
万円ずつ還元されます。したがって，3自治体が協力して水道管
を引いたときに要する費用1億7000万円のうち，Aは7000－
500＝6500万円，Bは5500－900＝4600万円，Cは6500－600＝
5900万円を負担するというのが，シャープレイ値から得られる

VI 多人数協力ゲーム：特性関数形ゲーム

費用分担です。

前節の仁による費用分担はAは6400万円，Bは4800万円，Cは5800万円でしたから，シャープレイ値では，仁に比べBの負担が小さくA,Cの負担が大きくなっています。仁が各提携の不満の差をできるだけ小さくしようという考えに基づいていたのに対し，シャープレイ値は提携を形成する際の各プレイヤーの貢献度ないしは影響力をもとに考えられていますから，このような違いが出るのは当然のことといえます。

根底にある考え方が違うのですから，仁，シャープレイ値のどちらの解が優れているとか，どちらの解を採用すべきかなどはいえません。ただ，仁，シャープレイ値の実際の問題への適用例を増やしていくことは必要です。実際に適用してみて，どういう状況であれば仁に基づく解決案の方が受け入れられやすかったか，また，どういう状況であればシャープレイ値に基づく解決案の方が受け入れられやすかったか，というデータが積み重ねられれば，それを理論にフィードバックすることにより，仁，シャープレイ値，そして特性関数形ゲームの解に関して新たな理論的発展が期待できるに違いありません。

◎シャープレイ値は配分になる

上で述べたシャープレイ値の定義においては，シャープレイ値は配分でなければならないということは一切要求していません。しかしながら，事例6-3のシャープレイ値はこのゲームの配分になっていました。

一般に，シャープレイ値は全体合理性を満たします。さらに，特性関数が優加法性を満たすときには，シャープレイ値は個人合理性も満たす配分になります。章末の練習問題としておきますので，考えてみてください。なお，事例6-3では，$5+9=14\geq6=v(\{A,B\})$，$5+6=11\geq0=v(\{A,C\})$，$9+6=15\geq8=v(\{B,C\})$ですから，シャープレイ値$(5,9,6)$はコアに含まれます。しかしながら，一般にはシャープレイ値はコアに含まれ

るとは限りません。章末の練習問題1を解いてみればわかるように，事例6-2がその例になっています。

◎シャープレイ値の公理系からの導出

シャープレイ値は，もともとは公理系から導かれた解です。最後に，この公理系について説明しておきましょう。

特性関数形ゲーム (N, v) に対して，ある1つの利得ベクトルを与える解を考えます。N はプレイヤーの全体で，v は特性関数です。解の満たすべき性質として，シャープレイは以下の4つの性質を挙げました。

①全体合理性

配分の定義のところで述べた全体合理性です。解の与える利得をプレイヤー全員について合計したものは，全員が協力したときに獲得できる値，すなわち全員提携の特性関数の値に等しくなければならないという性質です。全員が協力したときに獲得できる値を全員で分けあうのですから，解の利得ベクトルが当然満たしていなければならない性質でしょう。

②ナルプレイヤーに関する性質

どのような提携に対しても貢献度がゼロであるようなプレイヤーを，**ナルプレイヤー**といいます。ナルプレイヤーに対しては解は利得ゼロを与えるというのが2番目の性質です。

③対称なプレイヤーに関する性質

ある2人のプレイヤーについて，この2人を含むどのような提携に対しても2人の貢献度が等しくなるとき，この2人のプレイヤーは**対称**であるといいます。対称なプレイヤーには解は同じ利得を与えるというのが3番目の性質です。

④ゲームの和に関する性質

プレイヤーの集合は N で特性関数の値だけが異なる2つのゲームがあるとしましょう。プレイヤーの集合は N で，各提携の特性関数の値がこの2つのゲームの特性関数の値の和になる第3のゲームを考えます。このとき，第3のゲームにおける

VI　多人数協力ゲーム：特性関数形ゲーム

解の与える各プレイヤーの利得は，もとの 2 つのゲームにおいて解の与える利得の和になるというのが 4 番目の性質です。

　以上の 4 つの性質は，いずれも特性関数形ゲームの解が満たすべき性質として妥当なものでしょう。シャープレイは，この 4 つの性質を満たす解はただ 1 つしか存在しないことを示しました。シャープレイの証明した定理は以下のとおりです。「全体合理性，ナルプレイヤーに関する性質，対称なプレイヤーに関する性質，ゲームの和に関する性質の 4 つの性質を満たす解は，どのような特性関数形ゲームにおいてもただ 1 つの利得ベクトルを与える」。このただ 1 つの利得ベクトルが，さきに定義したシャープレイ値です。詳細は，岡田章『ゲーム理論』を参照してください。

8　特性関数形ゲームにおけるその他の解

　特性関数形ゲームには，本書で紹介したコア，仁，シャープレイ値以外にも，協力ゲーム理論における最初の解でありフォン・ノイマンとモルゲンシュテルンによって定義された**安定集合**，オーマンとマシュラーによる**交渉集合**，デービス（M.Davis）とマシュラーによる**カーネル**などの解があります。

　本書では，コアから仁へと議論を進めましたが，ゲーム理論の発展の歴史からいいますと，交渉集合における解の安定性をより強めてカーネルが定義され，カーネルをより発展させた形で仁が生まれてきています。なお，コラムで紹介したタルムードの遺産配分案は，正確には仁よりもカーネルであるといった方がよいことが，後の研究から明らかになっています。

　このように，特性関数形ゲームにおいては様々な解が定義されてきていますが，大きく 2 つの考え方に分けられます。1 つは，全員提携が形成されたときに，全員を納得させることができる利得の分配はどのようなものであるかというもので，仁，

193

シャープレイ値が相当します。いま1つは，各プレイヤーが提携をもとに利得の分配をめぐって交渉したときに，どのような状態が安定した結果として得られるかというもので，安定集合，交渉集合が相当します。カーネルもこの範疇に属する解といえるでしょう。コアは，もともとは後者の考えに基づく解でしたが，その意味するところがとらえやすいことから前者の目的においてもしばしば用いられています。

これらの協力ゲームの解の性質，解相互の関係などについては，鈴木光男・中村健二郎『社会システム』，鈴木光男・武藤滋夫『協力ゲームの理論』，鈴木光男『新ゲーム理論』などを参照してください。

練習問題

1　事例6−1，6−2の仁，シャープレイ値を求めなさい。

2　コアが存在すれば，仁はコアに含まれることを示しなさい。

3　一般的な3人特性関数形ゲーム (N, v) について，表6−2の全員提携の形成と各プレイヤーの貢献度の表を書いたうえで，以下の問いに答えなさい。

①この一般的な貢献度の表において，各行の3人のプレイヤーの貢献度を加えたものは $v(\{A, B, C\})$ であることを確認し，シャープレイ値は全体合理性を満たすことを示しなさい。

②特性関数 v が，優加法性を満たすときには，$v(\{A, B, C\}) - v(\{A, B\}) \geq v(\{C\})$，$v(\{A, B\}) - v(\{A\}) \geq v(\{B\})$ などとなることを用いて，シャープレイ値は個人合理性を満たすことを示しなさい。

VII

進化と学習のゲーム理論

●ある動物の集団において，各個体が他の個体と遭遇しながら，それぞれの行動様式に依存してある数の子供を残し，次世代においては子供達が同じようにしてその子供を残す……というプロセスが繰り返されていく状況を，進化ゲームと呼びます。

●プレイヤーが自分を取り巻く環境に適応しながらある程度自分の意思で行動を選択する状況を，適応型学習に基づくゲームと呼びます。

●この2つのゲームは，ナッシュ均衡に対する新たな視点を与えます。

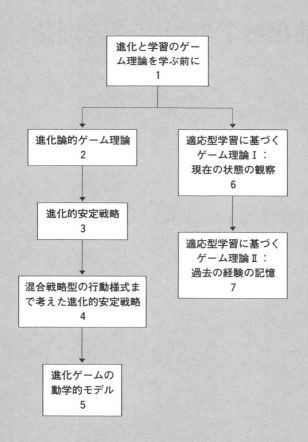

Ⅶ　進化と学習のゲーム理論

　本章では，進化論的ゲーム理論と学習に基づくゲーム理論について，その基礎的な部分を簡単な例を使って解説します。

◎限定合理性の導入

　Ⅲ章の「チェーンストア・パラドックス」や「囚人のジレンマの有限回の繰り返し」からおわかりのように，先の先まで見通したうえで自らの利得の最大化をはかる「合理的な」プレイヤーを想定しますと，ナッシュ均衡や部分ゲーム完全均衡は，現実に社会で起こっているものとは異なった結果を与えてしまうことがあります。さらに，実験によって人間の行動を確かめると，これも理論が教えるものとは必ずしも一致しません。これらの例は，ゲーム理論が，これまで想定してきた合理的なプレイヤーだけではなく，よりわれわれに近い「限定合理的」なプレイヤーを考えていく必要があることを示しています。

　ゲーム理論は，すでに様々な方法でプレイヤーの限定合理性を取り入れています。1つは，戦略の複雑性という概念を取り入れ，プレイヤーがそれほど複雑な戦略を用いない場合にはどのような結果が起こるかを探る方向です。これは，1980年代半ばから始まり，特に繰り返しゲームにおいて多くの興味ある結果を与えています。いま1つは，人間の行動について実際に実験を行い，その結果をもとに理論を再構築していく方向です。ゲーム理論における実験は1950年代から行われていましたが，「チェーンストア・パラドックス」を明らかにしたゼルテンが実験の重要性を唱えて以降，それまでよりも精緻な実験が盛んに行われるようになってきています。そして，もう1つの大きな流れが，本章のテーマである進化論的ゲーム理論であり，学習に基づくゲーム理論です。学習といっても，プレイヤーがそれほど深く考えずに環境に適応していく「適応型学習」と呼ばれるものです。

◎進化と学習のゲーム理論のもたらすもの

　進化論的ゲーム理論と適応型学習に基づくゲーム理論では，

197

これまでのゲーム理論が想定していた「合理的な」プレイヤーよりも，もっとシンプルな意思決定を行うプレイヤーを想定します。しかしながら，このシンプルな意思決定を行うプレイヤーは，社会におけるゲーム的状況にこれまでのゲーム理論では与えられなかった新たな視点を提供します。そして，複数のナッシュ均衡が存在するときに，そのうちのあるものがどのようにして実現されるのか，また，われわれの社会における制度や慣習が個々の人間の相互作用からいかに形成されていくのか，といったこれまでのゲーム理論では明らかにできなかった多くの問題を解決していく可能性も秘めています。

本章では，4つの事例を挙げて進化論的ゲーム理論と適応型学習に基づくゲーム理論の基本的な考え方を解説し，それぞれの考え方に基づいて得られる結果とナッシュ均衡との関連を述べます。本章でも，議論をできるだけ簡単にするために2人ゲームの場合について解説していきます。まず，本章を読み進んでいくうえでの注意から始めましょう。

1　進化と学習のゲーム理論を学ぶ前に

◎頭を切り替えよう

これまで本書で学んできたゲーム理論では，非協力ゲームにしろ協力ゲームにしろプレイヤーは固定されていました。繰り返しゲームでも，同じプレイヤーの間でのゲームの繰り返しを考えていました。

進化と学習のゲーム理論は非協力ゲームに分類されますが，考察するゲーム的状況はⅡ章，Ⅲ章，Ⅳ章で学んだ非協力ゲームとは大きく異なります。まず，頭を切り替えましょう。進化と学習のゲーム理論では，プレイヤーの大きな集団を考えます。この後4つの事例を引きながら議論を進めますが，第1，第2の事例では動物の集団，第3の事例では共同作業を行う人

たちのグループ，第4の事例ではビルの入り口のドアを出入り
する人々がプレイヤーの集団です。これらの集団のなかで，2
人のプレイヤーが遭遇してゲーム的状況に陥ります。

ゲーム的状況と書きましたが，これまで学んできたゲーム的
状況とは違います。第1，第2の事例では，戦略に対応するも
のは「好戦的」「平和的」といった遺伝子に組み込まれた行動
様式です。したがって，各個体が選択できるものではありませ
ん。そして，子孫をたくさん残せる行動様式が集団の中で優勢
になっていきます。

第3の事例では，2種類のワープロソフトのどちらを選ぶか
が戦略です。グループの各メンバーは，使用しているソフトの
バージョンが古くなると買い換えます。このときに，これまで
のソフトの新しいバージョンを購入するか，それとも他のソフ
トに買い換えるかを決めます。購入した後はある程度の期間こ
のソフトを使い，グループ内のいろいろな人とペアを組んで共
同作業を行います。したがって，メンバーは，共同作業を行う
相手が決まった時点でどちらのソフトを選ぶかを決定するわけ
ではありません。

第4の事例では，ビルの入り口のドアに反対方向からやって
来る2人の人がプレイヤーです。それぞれが，「そのまま進む」
「相手を通すために待つ」の2つの戦略を持ちます。出会った
時点でどちらの戦略を選択するかを決めますが，これまでの非
協力ゲームにおけるプレイヤーのように，相手がどうするかを
慎重に考えたうえで戦略を決定するわけではありません。

集団の中でプレイヤーが他の様々なプレイヤーとの遭遇を繰
り返していったときに，集団全体としてどのような状態に落ち
着くか，これがこれから分析していく問題です。第1，第2の
事例では，どちらの行動様式を持った個体が優勢になるであろ
うか，第3の事例では，どちらのワープロソフトの使用者が優
勢になるであろうか，第4の事例では，ドアを出入りする際，

内，外のどちらが待つかについて何らかの習慣が定着するであろうかといった問題です。

　大雑把にではありますが，以上で，これから学んでいく進化と学習のゲーム理論の輪郭をつかんでいただけたのではないかと思います。それでは，第1の事例に進むことにしましょう。

2　進化論的ゲーム理論

　まず，進化論的ゲーム理論を，「タカ－ハトゲーム」と呼ばれるモデルを用いて解説します。

◎事例7-1　タカ－ハトゲームⅠ

　動物の1つの種の集団を考えます。各個体は繁殖に適したテリトリーを確保しようとしますが，その際，他の個体と遭遇します。遭遇したときのこの動物の行動様式には，「タカ型」「ハト型」の2通りがあるとします。

　「タカ型」とは，自分か相手が傷つくかないしは逃げ出すまで戦いを続ける行動様式であり，「ハト型」とは，相手が戦いを挑んでくればただちに逃げ出すという行動様式です。ただし，行動様式は遺伝子に組み込まれた各個体に特有なものであり，各個体が選択できる選択肢ではありません。したがって，突然変異が起こらない限り，同じ行動様式が子供たちにも受け継がれていきます。

　「タカ型」個体と「ハト型」個体が遭遇すれば「ハト型」個体は逃げ出しますから，「タカ型」個体は繁殖に適したテリトリーを確保でき4匹の子供を残せるとします。一方，「ハト型」個体はより劣悪な環境に追いやられ1匹の子供しか残せないとします。以下，残せる子供の数を簡単に**適応度**と呼びます。

　もし，「タカ型」個体同士が遭遇すれば自分か相手が傷つくまで戦います。戦いに勝った方は繁殖に適したテリトリーが得られますから適応度は4，負けた方は劣悪な環境に追いやられ

VII 進化と学習のゲーム理論

表7-1 事例7-1の利得行列

個体A ＼ 個体B	タ カ 型	ハ ト 型
タ カ 型	2, 2	4, 1
ハ ト 型	1, 4	2, 2

るうえに傷を負いますので適応度は0，また，お互いが勝つ確率は等しく1/2であるとしておきます。最後に，「ハト型」個体同士が遭遇すれば戦わずにこのテリトリーを等分すると考え，適応度はそれぞれ2としておきます。

　テリトリーをめぐる争いが世代ごとに繰り返されていきますと，適応度の高い行動様式を持った個体が多くの子供を残していきます。このとき，「タカ型」「ハト型」のどちらの行動様式を持った個体が優勢になっていくでしょうか。

　以下では，議論を簡単にするために，1つの個体から子供が生まれる単性生殖を仮定します。また，子供のうち何割かは成長の過程で死滅するため，この集団の個体数が際限なく増えることはないものとし，子供が死滅する割合は「タカ型」「ハト型」で違いはないものとしておきます。

◎利得行列による表現

　「タカ型」「ハト型」の行動様式は各個体に特有なもので選択肢ではありませんが，これらを戦略形ゲームの純粋戦略と対応づけ，また適応度を利得と対応づければ，遭遇した2つの個体間の争いは表7-1の利得行列によって表現することができます。行列の各要素は，前が個体A，後が個体Bの適応度です。

　ここで，「タカ型」の個体同士が遭遇したときの利得が2となっているのは，勝てば適応度が4で負ければ0，また勝つ確率は両者等しく1/2であり，適応度の期待値が $4 \times (1/2) + 0 \times (1/2) = 2$ となることによります。

◎事例7-1の利得行列に関する注意

　事例7-1の利得行列の右下がりの対角線の要素は(2, 2)と

201

(2, 2)で, いずれの要素も個体Aの利得と個体Bの利得は等しくなっています。また, この対角線以外の要素は1行2列が(4, 1), 2行1列が(1, 4)ですから, ちょうど個体A, Bの利得を入れ替えた形になっています。

このように, 2人のプレイヤー(事例7-1においては個体A, B)の純粋戦略の集合が同じで, 右下がりの対角線の要素, つまり両プレイヤーが同じ戦略を用いたときの利得は両者等しく, それ以外の要素については, 右下がりの対角線に関して線対称の位置にある(つまりこの対角線を中心に折り曲げたときにちょうど重なる)要素がちょうど両者の利得を入れ替えた形になるような戦略形ゲームを**対称ゲーム**といい, このような利得行列を**対称ゲーム型の利得行列**といいます。例えば, II章の事例2-1の「価格引き下げ競争」は対称ゲームですが, 事例2-2の「規格の統一争い」, 事例2-3の「視聴率競争」は対称ゲームではありません。表2-1, 2-6, 2-7を振り返ってください。

対称ゲーム型の利得行列では, 利得は2人のプレイヤーがとる戦略だけで決まりプレイヤーの名前には関係しません。実際, 事例7-1において, 個体Aと個体Bが同じ行動様式であれば同じ利得を得ますし, 違う行動様式をとる場合にも利得はプレイヤーの名前には関係しません。実際, 「タカ型」と「ハト型」が遭遇したときには, どちらが「タカ型」でどちらが「ハト型」であろうとも, 「タカ型」は4, 「ハト型」は1の利得を得ます。

◎**進化ゲーム**

タカ–ハトゲームのように, ある動物の大きな集団において, 様々な2つの個体がランダムに遭遇してそれぞれの行動様式に依存してある数の子供を残し, 次世代においては子供たちが同じようにしてその子供を残していく……というプロセスが世代ごとに繰り返されていく状況を, 一般に**進化ゲーム**と呼び

ます。

　ただし，個体は意思を持って「タカ型」「ハト型」の行動様
式を選択するわけではありませんから，本書のⅡ章，Ⅲ章，Ⅳ
章で扱ったゲームではありません。表7-1の利得行列は，例
えば1行2列の要素と2行1列の要素であれば，「タカ型」の
行動様式を持つ個体と「ハト型」の行動様式を持つ個体が出
会ったときに，「タカ型」は4，「ハト型」は1の利得（適応
度）を得ることを表しているにすぎません。

3　進化的安定戦略

◎タカーハトゲームⅠにおける安定な状態：「タカ型」集団は安定しているか？

　世代ごとに適応度の高い行動様式を持った個体がその数を増
やしていきますから，世代の変化とともに「タカ型」「ハト
型」の割合がどのように動いていくかという動学的な分析が必
要です。その分析に入る前に，まず，どのような状態であれば
安定するか，つまり2つのタイプの割合がそれ以上変化しない
かを考えてみましょう。

　まず，ある世代ですべての個体が「タカ型」であったとしま
しょう。「タカ型」の個体からは「タカ型」の個体が生まれま
すから，突然変異がなければこの集団は「タカ型」で占められ
る状態が続きます。

　ここで，「ハト型」の行動様式を持った突然変異個体
（ミュータント）がごくわずかですが生まれてきたとします。
集団の中でのミュータントの割合を ε とします。ε は $0<\varepsilon<1$
で非常に小さい数です。$1-\varepsilon$ が「タカ型」の割合です。

　「タカ型」の個体の1つをとります。いま，各個体が他の個
体とランダムに同じ確率で遭遇するとすれば，集団の中に「タ
カ型」と「ハト型」がそれぞれ $1-\varepsilon$ と ε の割合で存在します

から、この「タカ型」の個体は、「タカ型」「ハト型」の個体と
それぞれ $1-\varepsilon$、 ε の確率で遭遇します。表7-1から、「タカ
型」の個体が「タカ型」の個体と遭遇したときの適応度は2，
「ハト型」の個体と遭遇したときの適応度は4ですから、この
「タカ型」の個体の適応度の期待値（期待適応度）は、

$$2\times(1-\varepsilon)+4\times\varepsilon=2+2\varepsilon$$

となります。表7-1の利得行列は対称ゲーム型でしたから、
この「タカ型」の個体を個体 A としても個体 B としても同じ
期待適応度が得られます。同様にして、「ハト型」の個体の期
待適応度は、

$$1\times(1-\varepsilon)+2\times\varepsilon=1+\varepsilon$$

です。

　どのような割合 ε、 $0<\varepsilon<1$、に対しても $2+2\varepsilon>1+\varepsilon$ です
から、「タカ型」の方が適応度が高く、1匹の親が残す子供の
数は平均的に見ると「タカ型」の方が多くなり、次世代におい
て「ハト型」の割合は減少していきます。したがって、たとえ
突然変異で「ハト型」の行動様式を持った個体がごくわずか生
まれてきたとしても、その割合は減少していきますから、集団
が「タカ型」の個体で占められているのは安定した状態です。

　このように、ある行動様式で占められている集団において、
他のどのような行動様式を持つ個体がミュータントとしてごく
小さな割合で生まれてきたとしても、もともとの行動様式を持
つ個体の期待適応度の方がミュータントの期待適応度を上回る
とき、もともとの行動様式は**進化的に安定**しているといい、こ
のような行動様式を**進化的安定戦略**といいます。英語では
Evolutionarily Stable Strategy と呼ぶことから、その頭文字を
とって **ESS** と呼ばれることもあります。

　表7-1の利得行列を戦略形ゲームとして見ると、純粋戦略
の組（タカ型，タカ型）はお互い相手の戦略に対する最適反応
戦略になっており、このゲームのナッシュ均衡になっていま

　　　　　　　　　　　　Ⅶ　進化と学習のゲーム理論

す。一般に，進化的安定戦略の組はナッシュ均衡になります。
これについては後にもう少し詳しく説明します。

　◎「ハト型」集団は進化的に不安定

　すべての個体が「ハト型」であったときはどうでしょうか。
いま，「タカ型」の行動様式を持ったミュータントが ε の割合
で生まれてきたとします。このとき，各個体は「タカ型」「ハ
ト型」の個体とそれぞれ ε，1−ε の確率で遭遇しますから，
ミュータントである「タカ型」の期待適応度は，

　　　$2 \times \varepsilon + 4 \times (1 - \varepsilon) = 4 - 2\varepsilon$

です。一方，「ハト型」の期待適応度は，

　　　$1 \times \varepsilon + 2 \times (1 - \varepsilon) = 2 - \varepsilon$

です。ε は 0 と 1 の間の非常に小さな正の数ですから，$4 - 2\varepsilon$
$> 2 - \varepsilon$ であり「タカ型」の方が期待適応度は大きくなりま
す。したがって，「ハト型」の行動様式は進化的安定戦略では
ありません。「タカ型」の方が期待適応度が大きく，突然変異で
「タカ型」が少しでも現れればその数が増えていきます。

4　混合戦略型の行動様式まで考えた進化的安定戦略

　◎事例 7-2　タカーハトゲームⅡ

　事例 7-1 において，「タカ型」同士の戦いが熾烈で，勝った
方も深い傷を負うため適応度が 4 から 0 に下がってしまうとす
ればどうなるでしょうか。この場合には，表 7-2 の利得行列
によって表現されます。この利得行列も対称ゲーム型です。

　◎「タカ型」「ハト型」の行動様式はともに進化的に不安定

　さて，事例 7-2 の安定した状態はどうなるでしょうか。ま
ず，すべての個体が「タカ型」である状態から考えてみます。
ここに，「ハト型」の個体が集団全体の ε の割合で生まれてき
たとします。このとき，「タカ型」の個体の期待適応度，「ハト
型」の個体の期待適応度は，それぞれ，

表7-2　事例7-2の利得行列

個体A ＼ 個体B	タ カ 型	ハ ト 型
タ カ 型	0, 0	4, 1
ハ ト 型	1, 4	2, 2

$$0\times(1-\varepsilon)+4\times\varepsilon=4\varepsilon, \quad 1\times(1-\varepsilon)+2\times\varepsilon=1+\varepsilon$$

です。表7-2の利得行列も対称ゲーム型ですから,「タカ型」の個体を個体Aと考えようと個体Bと考えようと同じ期待適応度が得られます。εは非常に小さい正の数ですから,「ハト型」の個体の期待適応度の方が大きく,「タカ型」は進化的安定戦略にはなりません。

同様にして,「ハト型」も進化的安定戦略にならないことが確かめられます。

◎混合戦略型の行動様式

タカーハトゲームⅡにおいては,「タカ型」も「ハト型」も進化的安定戦略ではありませんでした。そこで, **混合戦略型の行動様式**を持った個体を考えてみましょう。つまり, ある確率分布に従って「タカ型」の行動と「ハト型」の行動をとるような行動様式を持った個体です。これに対して,「タカ型」「ハト型」の行動様式を, **純粋戦略型の行動様式**と呼ぶことにします。以下では,「タカ型」の行動をp,「ハト型」の行動を$1-p$の確率でとるような行動様式を$(p, 1-p)$と表すことにします。$p, 1-p$ は確率ですから, $0\leq p\leq1$ です。

◎タカーハトゲームⅡの混合戦略型の進化的安定戦略

混合戦略型の行動様式まで考えたときも, 純粋戦略型だけを考えていたときと同様にして進化的安定戦略を考えることができます。

1つの例として「タカ型」の行動を2/3,「ハト型」の行動を1/3の確率でとるような行動様式$(2/3, 1/3)$を考え, これが進化的安定戦略になっているかどうかを調べてみましょう。いま,

他の行動様式 $(p, 1-p)$ を持った個体がミュータントとして集団全体の ε の割合で生まれてきたとします。ここで，$0 \le p \le 1$，$p \ne 2/3$ です。

行動様式 $(2/3, 1/3)$ の個体が，同じ行動様式 $(2/3, 1/3)$ の個体と遭遇したときの期待適応度は，

$$0 \times 2/3 \times 2/3 + 4 \times 2/3 \times 1/3 + 1 \times 1/3 \times 2/3 + 2 \times 1/3 \times 1/3$$
$$= 4/3,$$

行動様式 $(p, 1-p)$ の個体と遭遇したときの期待適応度は，

$$0 \times 2/3 \times p + 4 \times 2/3 \times (1-p) + 1 \times 1/3 \times p + 2 \times 1/3 \times (1-p)$$
$$= (10 - 9p)/3$$

です。前者とは確率 $1-\varepsilon$ で，また後者とは確率 ε で遭遇しますから，行動様式 $(2/3, 1/3)$ を持った個体の期待適応度は，

$$(4/3) \times (1-\varepsilon) + ((10-9p)/3) \times \varepsilon$$

です。なお，表 7-2 の利得行列は対称ゲーム型ですから，行動様式 $(2/3, 1/3)$ の個体を個体 A と考えようと個体 B と考えようと同じ期待適応度が得られます。

一方，ミュータントである行動様式 $(p, 1-p)$ を持つ個体が，行動様式 $(2/3, 1/3)$ の個体および行動様式 $(p, 1-p)$ を持つ個体と遭遇したときの期待適応度は，それぞれ，

$$0 \times p \times 2/3 + 4 \times p \times 1/3 + 1 \times (1-p) \times 2/3 + 2 \times (1-p) \times 1/3$$
$$= 4/3,$$
$$0 \times p \times p + 4 \times p \times (1-p) + 1 \times (1-p) \times p + 2 \times (1-p) \times (1-p)$$
$$= (1-p)(2+3p)$$

ですから，行動様式 $(p, 1-p)$ を持つ個体の期待適応度は，

$$(4/3) \times (1-\varepsilon) + (1-p)(2+3p) \times \varepsilon$$

です。

行動様式 $(2/3, 1/3)$ の個体とミュータントである行動様式 $(p, 1-p)$ を持つ個体の期待適応度の差をとりますと，

$$(4/3) \times (1-\varepsilon) + ((10-9p)/3) \times \varepsilon$$
$$- ((4/3) \times (1-\varepsilon) + (1-p)(2+3p) \times \varepsilon) = (3p-2)^2 \varepsilon/3$$

となります。$p \neq 2/3$ですから，$(3p-2)^2 \varepsilon/3 > 0$です。したがっ
て，行動様式$(2/3, 1/3)$の個体の方が期待適応度は大きくなり
ます。これは，$p \neq 2/3$であるすべての行動様式$(p, 1-p)$に対
して成り立ちますから，行動様式$(2/3, 1/3)$は進化的安定戦略
になります。

◎進化的安定戦略とナッシュ均衡

事例7-2の利得行列（表7-2）においては，進化的安定戦略
である$(2/3, 1/3)$の組（$(2/3, 1/3)$，$(2/3, 1/3)$）は混合戦略まで
考えたときのナッシュ均衡になります。Ⅱ章8節のナッシュ均
衡の求め方を用いて確かめることができます。

また，事例7-1のタカ・ハトゲームⅠにおいては，「タカ
型」の行動様式（混合戦略型の表記でいえば$(1, 0)$）は，混合戦
略型の行動様式まで考えたとしてもやはり進化的安定戦略にな
ります。章末の練習問題にしてありますので確かめてみてくだ
さい。さらに，事例7-1の利得行列（表7-1）を戦略形ゲーム
の利得行列として見れば，（タカ型，タカ型）という戦略の組は
混合戦略まで考えたとしてもただ1つのナッシュ均衡になりま
す。Ⅱ章の練習問題1と同様にして確かめることができます。

したがって，これらの例では進化的安定戦略の組はナッシュ
均衡になっています。このことは，これらの例だけではなく，
進化ゲームにおいて一般的に成り立ちます。しかしながら逆は
いえません。例えば，事例7-2において，混合戦略の組
（$(2/3, 1/3)$，$(2/3, 1/3)$）以外に，（タカ型，ハト型），（ハト
型，タカ型）の2つのナッシュ均衡が存在します。

また，2×2の利得行列を持つ進化ゲームにおいては，進化
的安定戦略が存在することが知られています。残念ながら，3
つ以上の純粋戦略型の行動様式を持つ進化ゲームにおいては，
進化的安定戦略は必ず存在するとは限りません。

VII　進化と学習のゲーム理論

5　進化ゲームの動学的モデル

◎事例7-1の動学的なモデルと安定な状態

　以上で論じた進化的安定戦略は，動学的なプロセスにおける安定した状態を直観的に定式化したものです。この節では，まず進化ゲームの動学的なプロセスを明示的に与えます。そのうえで，はたして進化的安定戦略がその動学的プロセスにおける安定した状態になっているのか，また，どのような意味で安定しているのか，といったことを考えていきます。

　事例7-1を用いて考えましょう。いま，ある世代において集団の中に「タカ型」「ハト型」がそれぞれ半分ずついたとします。各個体は，「タカ型」「ハト型」とそれぞれ$1/2$の確率で遭遇しますから，「タカ型」「ハト型」の各個体の期待適応度（残せる子供の数の期待値）は，それぞれ，

$$2\times(1/2)+4\times(1/2)=3, \quad 1\times(1/2)+2\times(1/2)=3/2$$

です。いま，「タカ型」「ハト型」がそれぞれ$1/2$ずついるのですから，この世代の個体の総数をnとすれば，この世代の1つの個体が残せる子供の平均の数は，この世代の$n/2$を占める「タカ型」の個体は3，残りの$n/2$を占める「ハト型」の個体は$3/2$です。

　したがって，子供たちから構成される次の世代の集団の中で「タカ型」「ハト型」が占める割合は，それぞれ，

$$\frac{3\times(n/2)}{3\times(n/2)+(3/2)\times(n/2)}=\frac{2}{3}$$

$$\frac{(3/2)\times(n/2)}{3\times(n/2)+(3/2)\times(n/2)}=\frac{1}{3}$$

となり，「タカ型」の割合が増えます。「タカ型」「ハト型」の子供が死滅する割合は同じであると仮定していますから，たとえ子供の成長途中での死滅を考えたとしても次世代における

「タカ型」「ハト型」の割合は同じく2/3, 1/3です。

実は, どのような「タカ型」「ハト型」の割合であっても, 「タカ型」が少しでも存在すれば, すべてが「タカ型」で占められていない限り次の世代では「タカ型」の割合が増えます。これは章末の練習問題としておきます。そして, いったんすべてが「タカ型」で占められれば, 突然変異が起こらない限り子供もすべて「タカ型」になりますから, 「タカ型」で占められる状態が続いていきます。ただし, 集団のすべてが「ハト型」で占められている場合には, 突然変異が起こらない限り子供もすべて「ハト型」ですから, 「ハト型」で占められる状態が続いていきます。

動学的な推移において, 同じ状態が繰り返し続いていくとき, この状態を**動学的均衡**と呼ぶことにします。事例7-1では, 動学的均衡は, すべてが「タカ型」か, ないしはすべてが「ハト型」で占められる状態であることがわかります。

なお, このように, 現在の各行動様式の適応度に比例して, 次の世代の行動様式の構成比率が決まっていくような動学過程を, **レプリケーター・ダイナミックス**といいます。

◎事例7-2の動学的に安定な状態

次に, 事例7-2を考えてみましょう。いま, 「タカ型」「ハト型」の割合がそれぞれw, $1-w$であったとします。ただし$0<w<1$です。このとき, 「タカ型」の個体, 「ハト型」の個体の期待適応度はそれぞれ,

$$0\times w + 4\times(1-w) = 4-4w, \quad 1\times w + 2\times(1-w) = 2-w$$

ですから, $4-4w>2-w$, すなわち$w<2/3$であれば「タカ型」の割合が増加し, 逆に$w>2/3$では「タカ型」の割合が減少します。$w=2/3$であれば, 「タカ型」「ハト型」の期待適応度は等しく, したがって, 次の世代において「タカ型」「ハト型」が占める割合も現在の世代と同じ2/3, 1/3になります。同じようにして, この後の世代でも2/3, 1/3の割合が続いていき

ます。

したがって，事例7-2では，すべてが「ハト型」で占められるという状態に加えて，「タカ型」が2/3，「ハト型」が1/3の割合で存在する状態も動学的均衡になります。すべてが「タカ型」ですと，子供はまったく残せず，消滅してしまいます。

◎動学的均衡状態と進化的安定戦略

事例7-1，7-2の進化的安定戦略は，それぞれ行動様式(1, 0)（すなわち「タカ型」）および(2/3, 1/3)でした。前の成分が「タカ型」，後の成分が「ハト型」をとる確率です。

したがって，上の分析より，進化的安定戦略の確率と同じ割合で「タカ型」「ハト型」の個体が集団の中に分布している状態は，動学的にも均衡になることがわかります。このことは，事例7-1，7-2のように2×2の利得行列の場合だけでなく，より一般的に3×3以上の利得行列を持つ進化ゲームにおいても成り立ちます。

ところが，動学的均衡状態の確率分布は，進化的安定戦略になるとは限りません。例えば，事例7-1では，集団のすべてが「ハト型」で占められる状態は動学的均衡ですが，「ハト型」の行動様式は進化的安定戦略ではありませんでした。その理由は，「タカ型」の個体がミュータントとしてほんのわずかでも生まれてくれば「タカ型」がその勢力を増していくことにありました。

このことは，進化的安定戦略が，動学的均衡，つまり「いったんその状態に到達すれば，以後その状態が繰り返し続いていく」という安定性よりも強い安定性を持っていることを示しています。そこで，動学的均衡よりも強い次のような動学的安定性を考えます。いま，「タカ型」「ハト型」がそれぞれある割合で分布しているとします。このとき，この分布の割合がほんの少し変化したとしても，そこから離れていかずもとの割合に戻る動きが生み出されるとき，この分布の割合は**漸近的安定**であ

るといいます。

3節で事例7-1のタカ－ハトゲームⅠの安定な状態を調べたときに，「タカ型」集団はごくわずかの「ハト型」のミュータントの出現に対して安定していましたが，「ハト型」集団はそうでなかったことを思い出してください。したがって，事例7-1では，動学的に均衡状態であった2つの状態のうち，すべてが「タカ型」で占められる状態は，「ハト型」のミュータントの出現で少し状態が変化しても「ハト型」は減少してもとに戻りますから漸近的安定になります。一方，すべてが「ハト型」で占められる状態は，「タカ型」のミュータントが出現すればそれが増えていきますから漸近的安定ではありません。事例7-2では，「タカ型」「ハト型」がそれぞれ2/3, 1/3の割合で分布している状態のみが漸近的安定です。

したがって，これらの例では，進化的安定戦略と同じ割合で行動様式が分布している状態は，動学的に漸近的安定です。

◎連続的な動学モデル

これまで考えてきた動学モデルは，世代を1つ1つ考えていくいわゆる離散的時間のモデルでした。進化論的ゲーム理論における多くの研究は，その数学的取り扱いが簡単になることもあり連続的時間モデルを用いて行われています。

詳細は本書の範囲を超えますのでこれ以上は言及しませんが，進化的安定戦略，ナッシュ均衡およびその精緻化と，動学的モデルにおける漸近的安定性などの安定性との間に様々な興味深い関係があることがわかっています。例えば，「進化的安定戦略と同じ割合で行動様式が分布している状態は，動学的に漸近的安定になる」という事実は，上の事例だけでなく一般的に成り立ちます。

進化的安定戦略の性質について，詳しくはウェイブル（J. Weibull）『進化ゲームの理論』（大和瀬達二監訳）を参照してください。

6 適応型学習に基づくゲーム理論 I : 現在の状態の観察

　前節で考えた進化論的モデルは，確かにプレイヤーの限定合理性を扱うモデルとしてとらえることもできるのですが，個体の行動様式は各個体に特有のものであり，それぞれが意思を持って選択するものではありませんでした。ゲーム理論は人間の行動を扱う理論ですから，意思を持っての行動選択が全く考慮されないモデルでは十分とはいえないでしょう。

　そこで，この節と次の節では，プレイヤーが自分を取り巻く環境に適応しながらある程度自分の意思で行動を選択する，**適応型学習**に基づくゲーム理論を解説していきます。文献によっては**確率的進化モデル**と呼ばれることもあります。

　まずこの節では，前節の進化論的ゲーム理論に近い，現在の状態に各プレイヤーが適応していくモデルから始めます。

◎事例 7 - 3　2 種類のワープロソフト

　あるグループでは，X, Y の 2 種類のワープロのソフトが使われているのですが，この 2 つのソフトには全く互換性はなく，X の方が少し性能がよく使いやすいものとします。また，2 つのソフトは様式が全く違うため，1 人の人が同時に 2 つのソフトを所有し両方を使いこなすことは困難であるとしておきます。このグループでは，よく 2 人で共同して作業をするのですが，2 人が違う種類のソフトを使用している場合には互換性がないため仕事がはかどりません。一方，2 人が同じソフトを使用している場合には，書類のやりとりもスムーズで仕事がはかどります。2 人の人が共同作業をするときの生産性（例えば，1 日に処理できる仕事の件数）は表 7 - 3 の利得行列で与えられているものとします。人々は，生産性をできるだけ高めたいと考えているとします。なお，共同作業のペアは決まって

表7-3　事例7-3の利得行列

A＼B	X を 使 用	Y を 使 用
X を 使 用	6, 6	1, 1
Y を 使 用	1, 1	4, 4

いるわけではなく，作業の内容によっていろいろな人とペアを
組む可能性があります。

　持っているソフトのバージョンが古くなった人たちはバー
ジョンアップしたソフトに買い換えますが，その際，これまで
使用していたソフトと同種のものにするかそれともソフトを変
えるかを，グループ内での2つのソフトの使用状況を見て決め
るものとします。このとき，このグループでの2つのソフトの
使用割合はどうなっていくでしょうか。

◎事例7-3の利得行列に関する注意

　事例7-3の利得行列は，事例7-1，7-2と同様，対称
ゲーム型です。さらに，戦略形ゲームとして見れば，（Xを使用，
Xを使用），（Yを使用，Yを使用）の2つの純粋戦略にお
けるナッシュ均衡が存在します。2つのナッシュ均衡の戦略の
組はともに，互いに相手の戦略に対するただ1つの最適反応戦
略になっていますから，Ⅱ章5節で述べたように，単なるナッ
シュ均衡ではなく狭義ナッシュ均衡です。

　事例7-3のように，2人のプレイヤーが同じ戦略の集合を
持ち，利得行列の右下がりの対角線の要素に対応する戦略の組
がすべて狭義ナッシュ均衡になっているような双行列ゲーム
を**調整ゲーム**と呼び，このような利得行列を**調整ゲーム型利得行
列**と呼びます。Ⅱ章の事例2-2の「規格の統一争い」，事例2
-5の「男女のジレンマ」も調整ゲームですが，事例2-1の
「価格引き下げ競争」，事例2-3の「視聴率競争」は調整ゲー
ムではありません。表2-1，2-6，2-7，2-10を振り返っ
てください。

表7-3の利得行列には，混合戦略まで考えれば，もう1つ（(3/8, 5/8)，(3/8, 5/8)）というナッシュ均衡が存在します。Ⅱ章8節のナッシュ均衡の求め方を思い出し，実際に求めてみてください。Ⅱ章8節で注意しましたが，((3/8, 5/8)，(3/8, 5/8))のような混合戦略によるナッシュ均衡は狭義ナッシュ均衡ではありません。

◎事例7-3の動学的モデル

　集団の中に2種類の人々がいてどちらが勢力を増していくかという状況は，これまで分析してきた進化論的ゲームモデルとよく似ています。ただ大きく違うのは，この事例では人々が自分の意思で2種類のワープロソフトのうち1つを選ぶという点です。

　いま，次のような動学的モデルを考えます。手持ちのソフトが古くなった人が新しいソフトの購入を考えたとします。伝統的なゲーム理論で扱ってきたプレイヤーは，他の人々がどのようにソフトを変えてくるかを十分に考慮しながら戦略を決定したのですが，ここではもっと簡単に，その時点での2種類のソフトの分布状況を見たうえで利得（の期待値）を最大にする選択を行うこととします。このような簡単な意思決定というのは，日常われわれがよくやっている方法ともいえます。実際，どの人とペアを組むかもはっきりしていませんし，またグループの人数が少し増えれば，他の人々の行動を考慮しながら戦略を決定していくというのはかなり煩雑なことになります。

　以下では，毎期毎期，グループの1人がソフトを新しく購入する状況を考えます。すぐに買い換える人，なかなか買い換えない人と様々なタイプの人がいるでしょうから，以下ではモデルを簡単にするために，買い換える人はランダムに決まる，すなわち各プレイヤーが同じ確率で選ばれるとします。

　購入したソフトはしばらくの間は使いますから，その間にペアを組んで共同作業をする際には，このソフトを使うことにな

ります。したがって，利得行列は表7-3のように与えてあり
ますが，各プレイヤーは共同作業の相手が決まってからソフト
を選ぶのではないことに注意してください。また，ペアを組む
相手も様々に変わりますから，グループの中からランダムに同
じ確率で選ばれるものとしておきます。

◎事例7-3の動学的分析

　議論をできるだけ簡単にして分析の要点を把握していただく
ために，職場の人数が5人である場合について解説します。

　まず，ある期のはじめに，この5人のうち3人がX，2人が
Yを使っている状況から考えましょう。この状況を$(3X, 2Y)$と
表すことにします。

　いま，新しいソフトを購入するプレイヤーがXを使用して
いたとします。残りの4人のうち，2人はX，2人はYを使っ
ています。Xを使っているプレイヤーは4人中2人ですから，
ソフトを購入するプレイヤーがXを使用しているプレイヤー
と共同作業のペアを組む確率は2/4です。同様に，Yを使用し
ているプレイヤーとペアを組む確率も2/4です。したがって，
Xを購入したとき，Yを購入したときのこのプレイヤーの生産
性の期待値（期待生産性）は，それぞれ，

　　$6 \times (2/4) + 1 \times (2/4) = 14/4, \quad 1 \times (2/4) + 4 \times (2/4) = 10/4$

です。表7-3の利得行列は対称ゲーム型ですから，このプレ
イヤーをプレイヤーAとしてもBとしても，同じ期待値が得
られることに注意してください。Xを購入した方が期待生産性
は大きくなりますから，このプレイヤーは前と同じXを購入
し，状態は変わらず$(3X, 2Y)$です。

　Yを使っているプレイヤーがソフトを購入する場合には，残
りの4人のうち3人がX，1人がYを使っていますから，Xを
購入したとき，Yを購入したときの期待生産性は，それぞれ

　　$6 \times (3/4) + 1 \times (1/4) = 19/4, \quad 1 \times (3/4) + 4 \times (1/4) = 7/4$

です。19/4＞7/4ですから，このプレイヤーはYからXへとソ

図7-1 事例7-3の状態間の推移図

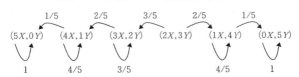

フトを変えます。したがって，Yの使用者が1人減り，Xの使用者が1人増えて状態は$(4X, 1Y)$となります。

ソフトを新しく購入するプレイヤーはランダムに同じ確率で選ばれるとしていますから，$(3X, 2Y)$の状態において，それまでXを使っていたプレイヤー，Yを使っていたプレイヤーが，新しく購入するプレイヤーとして選ばれる確率は，それぞれ3/5, 2/5です。したがって，$(3X, 2Y)$の状態からは，3/5の確率で同じ$(3X, 2Y)$の状態に留まり，2/5の確率で$(4X, 1Y)$の状態へ移ります。

同じようにして，他の状態についてもどの状態へ動くかを求めることができます。これらの動きをまとめたものが図7-1です。例えば，$(2X, 3Y)$からは，確率3/5で$(3X, 2Y)$へ推移し，確率2/5で$(1X, 4Y)$へ推移します。章末の練習問題としておきます。

図7-1からわかるように，$(5X, 0Y)$ないしは$(0X, 5Y)$の状態になると，それぞれの状態に留まりつづけます。また，それ以外のどの状態からも，直接ないしは他の状態を経由して$(5X, 0Y)$ないしは$(0X, 5Y)$に正の確率で到達できます。議論が難しくなりますのでこれ以上は立ち入りませんが，図7-1のような推移が何回も繰り返された場合には，最終的には，$(5X, 0Y)$ないしは$(0X, 5Y)$，つまり全員がXを使うか，または全員がYを使う状態に落ち着くことを，「確率過程」，特に「マルコフ過程」の理論を使って示すことができます。マルコフ過程については，刀根薫『オペレーションズ・リサーチ読

本』を参照してください。

ただし，$(5X, 0Y)$，$(0X, 5Y)$ のどちらに落ち着くかは，どの状態からスタートするかによって決まります。図7-1を見ればわかるように，$(4X, 1Y)$，$(3X, 2Y)$ からは右方向へ推移する矢印はありません。したがって，この2つの状態からスタートした場合には，必ず $(5X, 0Y)$ に落ち着きます。逆に，$(1X, 4Y)$ からスタートした場合には，左方向へは推移しませんから必ず $(0X, 5Y)$ に落ち着きます。$(2X, 3Y)$ からスタートしたときの落ち着き先は，$(5X, 0Y)$ になる可能性もありますし $(0X, 5Y)$ になる可能性もあります。

表7-3の利得行列は対称な調整ゲーム型の利得行列であり，$(X を使用，X を使用)$，$(Y を使用，Y を使用)$ は，これを戦略形ゲームの利得行列として見たときの狭義ナッシュ均衡でした。一般に，2×2の対称な調整ゲーム型の利得行列においては，上記の動学的プロセスを繰り返していくと，狭義ナッシュ均衡のいずれか1つを構成する戦略を全員が用いる状態に落ち着くことが示されています。

戦略形ゲームと適応型学習に基づく動学的プロセスは，プレイヤーの行動についての考え方は全く異なります。それにもかかわらず，両者が同じ均衡状態に到達することは非常に興味深いことです。

◎プレイヤーが間違いを犯す可能性のある場合

いま，プレイヤーがそのときの状況において最適なソフトを購入するだけでなく，わずかな確率ですが間違いを犯して最適ではないソフトを購入する可能性があるとしましょう。この場合には，たとえ $(5X, 0Y)$ ないしは $(0X, 5Y)$ の状態になってもそこに必ず留まるわけではなく，小さな確率ですが他の状態へ移っていきます。このような動学的な推移を十分に長い時間観察した場合に，そのほとんどの時間においてこのグループのメンバーは X を使用する状態になることが示されています。

VII　進化と学習のゲーム理論

　上で分析したプレイヤーが間違いを犯さない場合には，全員が X を使用，全員が Y を使用のどちらに落ち着くかは，最初にどの状態からスタートするかによって決まりました。しかしながら，間違いを犯す可能性がある場合には，最初にどの状態からスタートするかに関係なく，そのほとんどの時間においてメンバーは X を使用する状態になります。したがって，この集団の中では，2人の人が仕事をともにするとき，表7-3の利得行列を持つ戦略形ゲームの2つのナッシュ均衡（X を使用，X を使用），（Y を使用，Y を使用）のうち，（X を使用，X を使用）の方が非常に大きな頻度で起こることになります。

　このように，適応型学習に基づくモデルは，いくつかのナッシュ均衡のなかから1つの均衡を選択する道を与える可能性もあります。

7　適応型学習に基づくゲーム理論II：　過去の経験の記憶

　前節のモデルは，現在の状態を学習しながら人々が意思決定をしていくモデルでしたが，次に，過去の経験から学びながら意思決定をしていくモデルを紹介しましょう。

◎事例7-4　ドアの出入り

　あるビルの入り口のドアを考えます。ビルの外から内へ入ろうとする人も，また内から外へ出ようとする人も，このドアを通ります。したがって，このドアに同時に内外両方から人がやって来ることがよくあります。このとき，人々には，「相手にかまわずドアに進む」「相手を先に通すために手前で待つ」2つの選択肢があります。簡単に，「G(go)」「S(stop)」と書きます。内外両方から来た人たちの利得は表7-4のように与えられていたとします。プレイヤー A，B をそれぞれ，外から内へ入ろうとする人，内から外へ出ようとする人とします。

219

表7-4　事例7-4の利得行列

A \ B	G	S
G	0, 0	2, 1
S	1, 2	0, 0

　両方が進んだ場合には，ぶつかってしまいますから利得（効用）はゼロ，両方が待った場合にも時間を浪費してしまいますからやはり利得はゼロとします。一方が進んで他方が待ったときは，進んだ方は最も利得が大きく2，待った方もぶつかったり両方が待つ状態よりはよく1の利得を得られるとします。

　人々が何回もドアの出入りを繰り返すとき，どちらか一方が待ち，他方が進むといった習慣が生まれてくるでしょうか。

◎利得行列に関する注意

　事例7-4の利得行列は対称ゲーム型です。さらに，プレイヤーBの「G」と「S」の順序を入れ替えて左側を「S」右側を「G」にすると，右下がりの対角線上に狭義ナッシュ均衡(G, S)，(S, G) の利得$(2, 1)$，$(1, 2)$が並びます。このように，プレイヤーの戦略の順序を入れ替えたときに右下がりの対角線上に狭義ナッシュ均衡が並ぶような利得行列も，調整ゲーム型と呼ぶことにします。

　なお，このゲームには，2つの狭義ナッシュ均衡以外に混合戦略を用いるナッシュ均衡$((2/3, 1/3), (2/3, 1/3))$が存在しますが，事例7-3でも注意したように，これは狭義ナッシュ均衡ではありません。

◎過去の経験をどう活かすか：仮想プレイ

　同じ状況が繰り返される場合には，それまでの経過を慎重に考慮して行動を決定するというのが，これまでの伝統的なゲーム理論におけるプレイヤーでした。しかしながら，いま考えている状況では，毎回，相対するプレイヤーが違います。したがって，現在相対しているプレイヤーには過去のデータをその

まま適用できません。このようなとき，われわれはどのように
して行動を決定しているでしょうか。おそらく，相手がどう行
動してくるかをそれほど深くは考えないでしょう。といって，
過去の経験を全く無視するわけでもありません。これまで
「G」をとる相手が多かった場合には，そのような人が多いの
だと思って「S」をとるでしょうし，その逆の場合には「G」
をとるでしょう。

そこで，次のような行動様式を考えます。例えば，外から内
に入るときに，これまでの経験において，内から出て来る相手
が「G」「S」それぞれの行動をとった頻度を計算します。そし
て，今度の相手は，この頻度と同じ割合で「G」「S」をとる混
合戦略を用いてくると仮定して，それに対する最適反応行動を
とります。内から外へ出るときも同様です。

実は，このような行動様式のアイディアは新しいものではな
く，すでに1950年代から，繰り返しゲームにおいて**仮想プレイ**
という名前で研究が行われていました。ただし，問題意識は現
在とは違って，ナッシュ均衡を求めるためのアルゴリズムの発
見にありました。一般に，2×2の利得行列を持つ2人ゲーム
を同じプレイヤーが繰り返す場合，もし仮想プレイにより両者
の各戦略をとる割合がある戦略（混合戦略も含む）に収束する
ならば，その戦略の組はナッシュ均衡となることが知られてい
ます。

◎事例7-4の動学的モデル

仮想プレイの考えは，事例7-4のように毎回相対する人が
異なっていたとしても適用できます。いま，外から内へ入る人
たちの集団，内から外へ出る人たちの集団——の2つの集団か
らそれぞれ1人がランダムに選ばれてドアで出会うとし，これ
が繰り返されていく状況を考えます。

ただし，同じプレイヤーが2人ゲームを繰り返すときとは違
い，各プレイヤーがこのドアでの出来事を最初からすべて経験

したり観察したりしていることはありませんし，また経験した
ことや観察したことをすべて覚えていることもありません。せ
いぜい直前の何回かの経験や観察を覚えているにすぎないで
しょう。以下では，説明を簡単にするために，ドアに向かう
人々は自分の直前2組の人々の行動を観察できるものとし，自
分がドアに向かったときに，この観察結果だけに基づいてとっ
さに行動を決定するものとします。

表7-4の利得行列のところで述べたように，外から内に入ろ
うとする人をプレイヤーA，内から外へ向かう人をプレイ
ヤーBと呼びます。ただし，毎回毎回，違う人がプレイヤーA
になります。プレイヤーBも同様です。

◎仮想プレイとナッシュ均衡

いま，直前の2組において，プレイヤーAは2組とも
「G」，プレイヤーBは2組とも「S」をとっていたとします。
前者を「GG」と表します。前の「G」が2組前のプレイヤーA
の選択，後の「G」が1組前のプレイヤーAの選択です。同様
に，後者を「SS」と表します。前の「S」が2組前，後の
「S」が1組前のプレイヤーBの選択です。

このとき，現在のプレイヤーAは，直前の2組のプレイヤー
Bがともに「S」をとっていましたから，現在のプレイヤーB
もやはり「S」をとると考えてそれに対する最適反応である
「G」をとります。現在のプレイヤーBも同様に考えて「G」に
対する最適反応である「S」をとります。したがって，次のプ
レイヤーが観察する結果もプレイヤーAは「GG」プレイヤーB
は「SS」ですから，次のプレイヤーA，Bも，それぞれ「G」
「S」をとります。このようにして，外から内へ入るプレイ
ヤーAは「G」，内から外へ出るプレイヤーBは「S」をとる状
態が続いていきます。

しかしながら，直前の2組の結果がプレイヤーAもプレイ
ヤーBも「GS」であった場合には，1つの状態へは収束しま

せん。実際，直前の2組のプレイヤーBが「GS」であったことを観察した現在のプレイヤーAは，相対している現在のプレイヤーBが「G」「S」をそれぞれ1/2でとると考えます。このとき，現在のプレイヤーAが「G」をとったとき，および「S」をとったときの彼の期待利得は，それぞれ，

$$0 \times (1/2) + 2 \times (1/2) = 1, \quad 1 \times (1/2) + 0 \times (1/2) = 1/2$$

ですから，現在のプレイヤーAは期待利得の大きな「G」をとります。現在のプレイヤーBも，同様にして「G」をとります。したがって，次のプレイヤーA，Bが観察する直前の2組の結果はともに「SG」です。そこで，次のプレイヤーAは，Bが「G」「S」をそれぞれ1/2でとると考え，期待利得の大きい「G」をとります。プレイヤーBも同様です。したがって，次の次のプレイヤーが観察する直前の2組の結果は，プレイヤーAもBも「GG」です。

したがって，次の次のプレイヤーはA，Bともに「G」に対する最適反応である「S」をとりますから，次の次の次のプレイヤーたちが観察する結果はA，Bともに「GS」で，出発点に戻ります。この後も，直前の2組の結果は，

$$(GS, GS) \to (SG, SG) \to (GG, GG) \to (GS, GS) \to \cdots\cdots$$

のサイクルが続き，プレイヤーA，Bともに，

$$G \to S \to G \to G \to S \to G \to \cdots\cdots$$

の動きを繰り返していきます。

つまり，(GS, GS) からスタートしたときには，プレイヤーA，Bともに，3回のうち2回は「G」，1回は「S」をとるというサイクルを繰り返します。したがって，長期的には「G」が3回のうち2回，「S」が3回のうち1回出てきますから，「G」を2/3，「S」を1/3の確率でとる混合戦略に対応づけることもできます。$((2/3, 1/3), (2/3, 1/3))$ は表7-4の利得行列における（狭義ではない）ナッシュ均衡であったことを思い出してください。

223

図7-2 直前2組の観察結果を用いる場合の状態の推移図

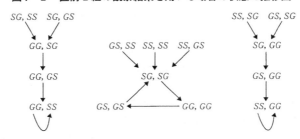

図7-2は、各状態からの推移をまとめたものです。この図からわかるように、事例7-4では、どの状態からスタートするかによって、(GG, SS)に到達してそこで留まる、(SS, GG)に到達してそこで留まる、$(GS, GS) \to (SG, SG) \to (GG, GG) \to (GS, GS)$のサイクルを繰り返す の3つの状態が起こります。それぞれ、表7-4の利得行列における狭義ナッシュ均衡(G, S), (S, G)および、混合戦略でのナッシュ均衡$(2/3, 1/3)$, $(2/3, 1/3)$に対応しています。

このように、仮想プレイを繰り返すことにより狭義ナッシュ均衡の戦略の組に収束していくとは必ずしもいえません。しかしながら、行動決定の際に観察結果をすべて用いないのであれば、狭義ナッシュ均衡に収束していきます。次にそれを説明しましょう。

◎観察結果をすべて利用しない場合と狭義ナッシュ均衡

いま、直前の2組の結果を観察できるのですが、ドアに向かったときに、とっさに直前の2組の結果のうちどちらか1つをランダムに同じ確率で選んで、それに基づいて行動を決定するとしましょう。われわれが意思決定する際にも、上で述べたように期待利得を計算してそれを最大にする行動をとるよりは、とっさに頭に浮かんだ結果に対する最適な行動をとるということがよくあると思います。

図7-3 状態 (GS, GG) から状態 $(SS, GS), (SS, GG)$ への推移

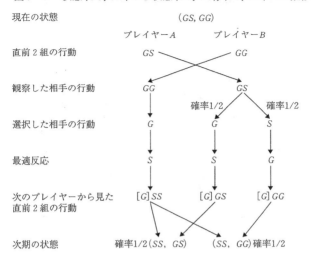

いま、直前の2組の結果が (GS, GG) の場合を考えます。以下の議論は少しわかりにくいかもしれません。図7-3を参照しながら読み進めてください。図7-3の矢印は、状態の推移を表しているのではなく、プレイヤーが観察した行動、そのなかで選択した行動とそれに対する最適反応などの対応関係を表すものですので注意してください。

プレイヤーAは、観察した直前2組のプレイヤーBの結果が「GG」ですから、どちらを選んでも「G」です。したがって、それに対する最適反応である「S」を必ずとります。プレイヤーBは、直前2組のプレイヤーAの観察結果が「GS」ですから、もしとっさの判断でこのうちの「G」を選べばそれに対する最適反応である「S」を、逆に「S」を選べば「G」をとります。

プレイヤーBはプレイヤーAの結果「GS」のうち、「G」「S」のどちらか1つを確率1/2ずつで選びますから、プレイ

図7-4 観察結果のうち1つを用いる場合の推移図(一部)

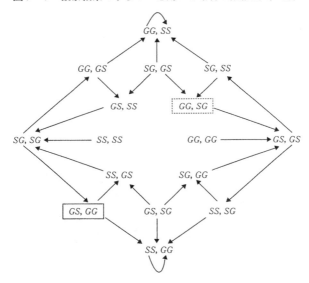

ヤーBが「G」,「S」をとる確率はそれぞれ1/2です。

したがって,次のプレイヤーAが観察する直前2組のプレイヤーBについての結果は「GS」「GG」の可能性があり,それぞれ1/2の確率で起こります。一方,プレイヤーBが観察する直前2組のプレイヤーAの結果は必ず「SS」です。したがって,次の2人のプレイヤーが観察する結果の組には,(SS, GS),(SS, GG)の2つの可能性があり,それぞれ確率1/2で起こります。

これらの結果の推移をまとめたのが,図7-4です。図7-4の矢印は矢印のもとの状態から先の状態へ正の確率で推移することを表しています。実線で囲んだ(GS, GG)からは(SS, GS)と(SS, GG)へ矢印が伸びていますが,これは上で説明したように(GS, GG)から(SS, GS),(SS, GG)への推移が起こる可能性

のあることを示しています。他の矢印も同様です。なお，全部の推移の矢印を表すと図が煩雑になりすぎますので，代表的なものだけを挙げてあります。例えば，点線で囲んだ (GG, SG) からは (GS, GS) だけでなく (GG, GS) への推移もあります。章末の練習問題にしてありますから，確かめてください。

C O F F E E   B R E A K

_____ エスカレーターはどちらに並ぶ？ _____
そして，ドアは押さえる？　押さえない？

　われわれの社会において，どうしてそうなったのか理由ははっきりしませんが，あるルールに従って人々が行動することがよくあります。

　例えば，最近，エスカレーターに乗ると，急ぐ人のために片方を空けて一方だけに並ぶことがよく見られるようになってきました。ところが，東京では左側に並んで右側を空けますが，大阪では逆に右側に並んで左側を空けます。1人だけそれに反した行動をとれば，急ぐ人とぶつかってしまいますから，東京方式にしろ大阪方式にしろ，全員が同じ側に並ぶのはナッシュ均衡です。なぜ，東京と大阪で左右が逆になってしまったのでしょうか。

　もう1つの例は，ドアを出入りする際の人々の行動です。欧米ですと，ドアを2人の人が続いて通過するとき，前に通過した人が，後から来る人のためにドアが閉まらないように支えています。後から来た人は，特に立ち止まることなく「ありがとう」と言って通ります。さらに後から来る人がいれば，今度はこの人がドアを支えて閉まらないようにします。日本でよく見られるのはその逆です。前の人はドアを通過してもそのまま行ってしまい，その代わりに後から来た人がドアの戻りにぶつからないように少し待っています。この場合にも，欧米方式と日本方式はいずれもナッシュ均衡です。なぜ，このような違いができてしまったのでしょうか。

図7-4からわかるように，(GG, SS)ないしは(SS, GG)の状態になると，それぞれの状態が繰り返されます。それ以外の状態では，同じ状態に留まることはなく必ず他の状態へ推移します。図7-4に示した推移だけを用いたとしても，どの状態からも，(GG, SS)ないしは(SS, GG)に直接ないしは他の状態を経由して達することができます。

　したがって，前節のモデルと同様，マルコフ過程の理論を使って(GG, SS)，(SS, GG)どちらかの状態に落ち着くことを示せます。どの状態からスタートしようとも，最終的には，外から内へ入るプレイヤーAは「進み」内から外へ出るプレイヤーBは「待つ」か，ないしは，その逆に外から内へ入るプレイヤーAは「待ち」内から外へ出るプレイヤーBは「進む」という状態に落ち着きます。ただし，それぞれの状態に落ち着く確率は，どの状態からスタートするかによって違ってきます。

　一般に，記憶されている結果のうち半分以下が行動決定に用いられるのであれば，2×2の調整ゲーム型の利得行列の場合には，最終的に両プレイヤーが狭義ナッシュ均衡の戦略をとる状態に落ち着くことが示されています。

練習問題

　1　事例7-1において，混合戦略型の行動様式まで考えたとしても，「タカ型」は進化的安定戦略となることを示しなさい。

　2　事例7-1において，「タカ型」「ハト型」の割合が$w, 1-w$（ただし，$0 < w < 1$）であるとき，次の世代には「タカ型」が増えることを示しなさい。

　3　事例7-3において，状態$(2X, 3Y)$からの動きが，図7-1の状態間の推移図のようになることを確かめなさい。

　4　事例7-4において，直前の2組の結果のうち，どちらか1つをランダムに同じ確率で選びそれに基づいて行動するとします。このとき，(GG, SG)からは(GG, GS)，(GS, GS)へそれぞれ確率1/2で推移することを確かめなさい。

文献ガイド　ゲーム理論をより深く学ぶために

　Ⅱ章からⅦ章までは，いかがだったでしょうか。ゲーム理論の楽しさ，おもしろさがおわかりいただけたでしょうか。

　ここでは，もう少し深くゲーム理論を学んでみたいと思われる方々のために，特に1990年代に入って出版された日本語の文献を中心に，この後読まれるとよいものを挙げておきます。

◎**理論をより詳しく知りたい場合**

　ゲーム理論の理論的な面をより詳しく知りたい場合には，次の5点があります。

(1)　R.ギボンズ（福岡正夫，須田伸一訳）『経済学のためのゲーム理論入門』創文社

(2)　鈴木光男『新ゲーム理論』勁草書房

(3)　R.J.オーマン（丸山徹，立石寛訳）『ゲーム論の基礎』勁草書房

(4)　中山幹夫『はじめてのゲーム理論』有斐閣

(5)　岡田章『ゲーム理論』有斐閣

　(1)は，非協力ゲームについて，本書で述べた項目をより一般的に詳しく書いてあります。経済学の事例も豊富です。(2)(3)(4)(5)は，非協力ゲーム，協力ゲームの両方を扱っています。

　(2)は，特に協力ゲームのところがお薦めです。また，ゲーム理論の歴史の部分も一読の価値があります。

　(3)は，1970年代後半のオーマンのスタンフォード大学での講義ノートの邦訳です。したがって，トピックは必ずしも新しいとはいえないのですが，それだけに現在のテキストでは得られないゲーム理論の知識が得られます。

　(4)は，数値例も多く，コンパクトに読みやすくまとまっています。進化論的ゲーム理論や手続き的合理性といった最近のトピックも載っており，お薦めできる1冊です。

(5)は，現在の日本語のゲーム理論のテキストのなかで，理論的に最もしっかりと書かれたものです。それだけに，読みこなすにはかなりの努力を必要としますが，本書を読んでゲーム理論に興味を持たれた方には，ぜひ読んでいただきたい1冊です。

以下の2点は少し古いですが，協力ゲームを学ぶ場合には一度は目を通された方がよいと思います。

(6) 鈴木光男，中村健二郎『社会システム』共立出版

(7) 鈴木光男，武藤滋夫『協力ゲームの理論』東京大学出版会

◎**進化論的ゲーム理論，学習に基づくゲーム理論に興味のある場合**

進化論的ゲーム理論は上記(4)もふれていますが，詳しく扱ったものには，次の3点があります。

(8) J. メイナード・スミス（寺本英，梯正之訳）『進化とゲーム理論－闘争の論理－』産業図書

(9) J. ウェイブル（大和瀬達二監訳）『進化ゲームの理論』文化書房博文社

(10) J. ホッフバウアー，K. シグムンド（竹内康博訳）『生物の進化と微分方程式』現代数学社

(8)は1980年代に書かれたものですが，生物学における進化ゲームの考え方がよくわかります。

(9)は，進化論的ゲーム理論の標準的なテキストといえます。数学的にもしっかりと書かれています。

(10)は，ゲーム理論というよりは，動学的力学モデルの生物学への応用を主眼とした本です。

学習に基づくゲーム理論については，日本語の解説書はまだほとんどありませんので，英文の文献を参考までに挙げておきます。

(11) F. Vega-Redondo, "Evolution, Games and Economic Behavior," Oxford University Press

文献ガイド　ゲーム理論をより深く学ぶために

⑿　L. Samuelson, "Evolutionary Games and Equilibrium Selection," MIT Press

⒀　D. Fudenberg and D. K. Levine, "The Theory of Learning in Games," MIT Press

⒁　H. P. Young, "Individual Strategy and Social Structure," Princeton University Press

なお，進化論的ゲーム理論の経済学への適用を解説したものとして，

⒂　青木昌彦，奥野正寛『経済システムの比較制度分析』東京大学出版会の第3章と第11章があります。

◎**理論よりも応用に興味のある場合**

ゲーム理論の応用に興味のある場合には次の9点があります。

⒃　梶井厚志，松井彰彦『ミクロ経済学—戦略的アプローチ』日本評論社

⒄　中山幹夫，武藤滋夫，船木由喜彦『ゲーム理論で解く』有斐閣

⒅　A. K. ディキシット，B. J. ネイルバフ（菅野隆，嶋津祐一訳）『戦略的思考とは何か』TBSブリタニカ

⒆　J. マクミラン（伊藤秀史，林田修訳）『経営戦略のゲーム理論』有斐閣

⒇　B. J. ネイルバフ，A. M. ブランデンバーガー（嶋津祐一，東田啓作訳）『ゲーム理論で勝つ経営』日本経済新聞社

㉑　E. ラスムッセン（細江守紀ほか訳）『ゲームと情報の経済分析 I，II』九州大学出版会

㉒　R. アクセルロッド（松田裕之訳）『つきあい方の科学』ミネルヴァ書房

㉓　高橋伸夫『未来傾斜原理』白桃書房

㉔　武藤滋夫，小野理恵『投票システムのゲーム分析』日科技連出版社

⒃は，本書を読まれた読者であれば，十分に読みこなせる範

囲で，ミクロ経済学の様々な現象をゲーム理論を用いて解説しています。

(17)は，社会科学から理工学にわたるさまざまな問題へのゲーム理論の適用例をまとめたものです。

(18)は，イェール大学大学院ビジネススクールのテキストとして使われたものです。経済学，国際関係からわれわれの日常生活に至るまで豊富なゲーム的状況の例が載っています。

(19)は，ゲーム理論の経営学への適用が，あまり数式を使うことなくわかりやすく書かれています。練習問題を解くことにより，理論的にもかなり高度なところまで理解できます。

(20)は，経営学におけるゲーム理論的な考えの適用可能性を，例を用いながら解説したものです。

(21)は，情報の経済学のさまざまな問題をゲーム理論を用いて解説したものです。

(22)は，Ⅱ章のコラムでふれた，囚人のジレンマのコンピューター・プログラムのトーナメントの詳しい解説と，それに基づく社会における協調関係の考察を中心のテーマとしています。

(23)は，囚人のジレンマや進化論的ゲーム理論を用いた経営組織の分析を扱っています。

(24)は，シャープレイ値を用いた投票制度の評価を衆議院，参議院などの例を用いて解説しています。

◎ナッシュ均衡などの解の意味，ゲーム理論の考え方などに興味のある場合

次の5点があります。

(25) D. M. クレプス（高森寛ほか訳）『経済学のためのゲーム理論』東洋経済新報社

(26) S. P. ハーグリーブズ・ヒープ，Y. ファロファキス（荻沼隆訳）『ゲーム理論「批判的入門」』多賀出版

(27) 神取道宏「ゲーム理論による経済学の静かな革命」岩井克人，伊藤元重『現代の経済理論』東京大学出版会所収

文献ガイド　ゲーム理論をより深く学ぶために

⑱　松島斉「過去，現在，未来：繰り返しゲームと経済学」
岩井克人，伊藤元重『現代の経済理論』東京大学出版会所収

⑲　鈴木光男『ゲーム理論の世界』勁草書房

㉕は，ナッシュ均衡およびその精緻化の意味や問題点を詳しく解説しています。

㉖は，ナッシュ均衡だけでなく，交渉ゲーム，囚人のジレンマから進化論的ゲーム理論に至るまで，その問題点や意味を考察しています。

㉗㉘は，経済学におけるナッシュ均衡，繰り返しゲームの意味をわかりやすく解説したものです。経済学におけるゲーム理論の位置づけがよくわかります。

㉙は，「ゲーム理論とは何か」と考えるときに読みたい本です。著者のゲーム理論に対する様々な考えが綴られています。

◎フォン・ノイマンに関するもの

フォン・ノイマンに関するもののうち，フォン・ノイマン自身の著作と最近出版されたものとして，次の3点があります。

⑳　J．フォン・ノイマン，O．モルゲンシュテルン（銀林浩ほか訳）『ゲームの理論と経済行動』ちくま学芸文庫

㉛　W．パウンドストーン（松浦俊輔ほか訳）『囚人のジレンマ─フォン・ノイマンとゲームの理論』青土社

㉜　N．マクレイ（渡辺正，芦田みどり訳）『フォン・ノイマンの生涯』朝日新聞社

⑳は，ゲーム理論の出発点となった書です。

㉛は，フォン・ノイマンの伝記を囚人のジレンマの研究の発展と絡めながら描いたものです。

㉜は，フォン・ノイマン個人の伝記です。

◎雑誌の特集記事，連載記事

最近，ゲーム理論の特集記事が掲載された雑誌としては，『経済セミナー』『週刊ダイヤモンド』『数理科学』『理論と方法』（数理社会学会誌），『オペレーションズ・リサーチ』（日本

オペレーションズ・リサーチ学会誌）などがあります。ゲーム理論の発展を受けて，これからも，上記のものを含め様々な雑誌にゲーム理論に関する特集記事が掲載されることと思います。特集記事はそのときどきの最新の話題を各分野のエキスパートが解説しています。ぜひ目を通されることを勧めます。

◎線形計画問題，マルコフ過程の解説書

本書のⅥ章，Ⅶ章で扱った線形計画問題，マルコフ過程について知りたい場合には，

(33)刀根薫『オペレーションズ・リサーチ読本』日本評論社

がよいでしょう。

◎最近出版されたもの

(34)鈴木一功『MBAゲーム理論』ダイヤモンド社

(35)船木由喜彦『エコノミックゲームセオリー』サイエンス社

(36)梶井厚志『戦略的思考の技術』中央公論新社

(34)は，非協力ゲームおよび交渉ゲームの基礎的なところを，経済学，経営学の例を用いながら説明しています。

(35)は，多人数協力ゲーム理論及びその解について，様々な例を用いてわかりやすく解説してあります。

(36)は非協力ゲームを用いてさまざまな経済現象をわかりやすく解説しています。

(37)今井晴雄，岡田章『ゲーム理論の新展開』勁草書房

(38)佐々木宏夫『入門ゲーム理論』日本評論社

(39)生天目章『ゲーム理論と進化ダイナミクス』森北出版

(37)は，最近のゲーム理論研究に関する解説論文集です。ゲーム理論のホットな話題がわかります。

(38)は，非協力ゲーム理論の入門書です。数学的な部分をまとめるなど読みやすく工夫されています。

(39)は，進化と学習のゲーム理論に関する解説書です。理論的なところもしっかりと書かれています。

練習問題の略解

II章

1 2-1：ナッシュ均衡は $((0, 1), (0, 1))$, 利得は $(2, 2)$。

A, B ともに, マックスミニ戦略は $(0, 1)$ で, マックスミニ値は 2。

2-2：ナッシュ均衡は, $((1, 0), (1, 0))$, $((0, 1), (0, 1))$, $((3/5, 2/5), (2/5, 3/5))$, 利得は $(6, 4)$, $(4, 6)$, $(12/5, 12/5)$

マックスミニ戦略は, A は $(2/5, 3/5)$ で, B は $(3/5, 2/5)$。

マックスミニ値は, A, B ともに12/5。

2 戦略形ゲーム表現（戦略は近似的に連続的な区間で与える）

プレイヤー：A と B, 戦略：A, B ともに区間 $[0, 100]$,

利得関数：A の利得関数 $f(x, y) = \begin{cases} x & (x+y \le 100) \\ 0 & (x+y > 100) \end{cases}$

B の $g(x, y)$ も同様。

ナッシュ均衡：$x+y = 100$, $0 \le x \le 100, 0 \le y \le 100$ となる (x, y) と $(100, 100)$。

III章

1 ナッシュ均衡, 部分ゲーム完全均衡ともに

（バラエティ, バラエティードラマ）。

2 3-1：ナッシュ均衡, 部分ゲーム完全均衡ともに

（引き下げ–引き下げ, 引き下げ）。

3-2：ナッシュ均衡は, $(X-X, X)$, $(X-Y, Y)$, $(Y-Y, Y)$, 部分ゲーム完全均衡は, $(X-Y, Y)$。

3-3：ナッシュ均衡, 部分ゲーム完全均衡ともに

（ドラマーバラエティ, バラエティ）。

3 A が X をとったとき：$X-X$, $X-Y$ をとったときの B の利得はともに 4, A が Y をとったとき：$X-X$, $X-Y$ をとったときの B の利得は 0 と 6。したがって, $X-Y$ は $X-X$ を弱支配する。$X-Y$ が $Y-Y$ を弱支配することも同様。

4 ナッシュ均衡, 部分ゲーム完全均衡は (a, b), (a'', b') で, b' は

235

b に弱支配される。

5

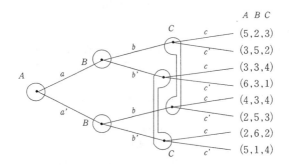

部分ゲームは存在しない。

Ⅳ章

1 完全ベイジアン均衡：A は a, B は b をとる。B の信念は $(1, 0)$。

2 事例 4-2 と同様にして確かめられる。

Ⅴ章

1 混合戦略 $(p, 1-p)$, $(q, 1-q)$ のもとでは，(X, X), (X, Y), (Y, X), (Y, Y) はそれぞれ pq, $p(1-q)$, $q(1-p)$, $(1-p)(1-q)$ の確率で起こる。したがって，$pq=1/2$, $p(1-q)=0$, $q(1-p)=0$, $(1-p)(1-q)=1/2$ が成り立たなければならない。この 4 つの等式を満たす p, q が存在しないことは明らか。

2 $u_B=11-2u_A$ ($2 \leq u_A \leq 3$) ゆえ，$(u_A-6/5)(u_B-17/5)=-2(u_A-5/2)^2+169/50$。したがって，ナッシュ交渉解は $(5/2, 6)$。

3 略

Ⅵ章

1 6-1：仁，シャープレイ値ともに $(1/3, 1/3, 1/3)$。

　6-2：仁は $(7/2, 0, 3/2)$，シャープレイ値 $(17/6, 2/6, 11/6)$。

2 仁がコアに含まれないとすると，少なくとも 1 つの提携につい

練習問題の略解

て，この提携の不満の量は正。したがって，最大の不満の量は正
である。一方，コアに属する配分については最大の不満の量もゼ
ロ以下である。よって，仁よりも受容的な配分が存在することに
なり，仁の定義に矛盾する。

3

	貢　献　度		
	プレイヤーA	プレイヤーB	プレイヤーC
$A \leftarrow B \leftarrow C$	$v(\{A\})$	$v(\{A,B\}) - v(\{A\})$	$v(\{A,B,C\}) - v(\{A,B\})$
$A \leftarrow C \leftarrow B$	$v(\{A\})$	$v(\{A,B,C\}) - v(\{A,C\})$	$v(\{A,C\}) - v(\{A\})$
$B \leftarrow A \leftarrow C$	$v(\{A,B\}) - v(\{B\})$	$v(\{B\})$	$v(\{A,B,C\}) - v(\{A,B\})$
$B \leftarrow C \leftarrow A$	$v(\{A,B,C\}) - v(\{B,C\})$	$v(\{B\})$	$v(\{B,C\}) - v(\{B\})$
$C \leftarrow A \leftarrow B$	$v(\{A,C\}) - v(\{C\})$	$v(\{A,B,C\}) - v(\{A,C\})$	$v(\{C\})$
$C \leftarrow B \leftarrow A$	$v(\{A,B,C\}) - v(\{B,C\})$	$v(\{B,C\}) - v(\{C\})$	$v(\{C\})$

(1) 例えば，第1行は $v(\{A\}) + v(\{A,B\}) - v(\{A\}) + v(\{A,B,C\})$
$- v(\{A,B\}) = v(\{A,B,C\})$。第2行から第6行も同様。プレイ
ヤーA, B, Cのシャープレイ値は，それぞれ第1列，第2列，
第3列の和を6で割ったものであるから，3人のシャープレイ
値の和は上の行列の18個の要素をすべて加えて6で割ったもの
に等しい。一方，各行の和をすべて加えれば，やはり18個の要
素をすべて加えたものになるから，それを6で割ったものは，
3人のシャープレイ値の和に等しくなる。各行の和はすべて
$v(\{A,B,C\})$ ゆえ，それらをすべて加えて6で割ったものは，
$v(\{A,B,C\})$。

(2) v が優加法性を満たすのであれば，第1列の要素は，すべて
$v(\{A\})$ 以上であり，したがって，プレイヤーAのシャープレイ
値は $v(\{A\})$ 以上。同様にして，プレイヤーB, Cのシャープレイ
値も $v(\{B\})$，$v(\{C\})$ 以上。

Ⅶ章

1　行動様式 $(p, 1-p)$，$p \neq 1$，を持つミュータントが ε の割合で生
まれてきたとする。このときの「タカ型」の期待適応度は $2(1-\varepsilon) + (2p+4(1-p))\varepsilon$，ミュータントの期待適応度は $(2p+1(1-p))(1-\varepsilon) + (2p^2 + 4p(1-p) + 1(1-p)p + 2(1-p)^2)\varepsilon$。前者から後

237

者を引いた差は,

$$2(1-\varepsilon)+(2p+4(1-p))\varepsilon-(2p+1(1-p))(1-\varepsilon)-(2p^2+4p(1-p)+1(1-p)p+2(1-p)^2)\varepsilon=1-p+(1-p)^2\varepsilon>0$$

よって,「タカ型」は混合戦略型の行動様式まで考えたとしても進化的安定戦略。

2 「タカ型」「ハト型」の各個体の期待適応度は,$2\times w+4\times(1-w)=4-2w$,$1\times w+2\times(1-w)=2-w$。また,この世代の個体の総数を n とすれば,「タカ型」「ハト型」はそれぞれ wn,$(1-w)n$ 存在する。したがって,次の世代において「タカ型」「ハト型」が占める割合は,それぞれ,

$$\frac{(4-2w)\times wn}{(4-2w)\times wn+(2-w)\times(1-w)n},$$

$$\frac{(2-w)\times(1-w)n}{(4-2w)\times wn+(2-w)\times(1-w)n}$$

「タカ型」の占める割合の変化は,

$$\frac{(4-2w)\times wn}{(4-2w)\times wn+(2-w)\times(1-w)n}-wn=\frac{w(1-w)}{1-w}$$

$0<w<1$ ゆえ,最後の項は分母,分子ともに正。したがって,「タカ型」の割合は増加。

3 ランダムに選ばれたプレイヤーが X を使用していたとき:他のプレイヤーは1人が X,3人が Y を使用しているから,期待利得は,X を購入すれば $6\times(1/4)+1\times(3/4)=9/4$,$Y$ を購入すれば $1\times(1/4)+4\times(3/4)=13/4$。したがって,$Y$ を購入。ランダムに選ばれたプレイヤーが Y を使用していたとき:同様にして,このプレイヤーは X を購入。したがって,確率 $2/5$ で $(1X,4Y)$ へ,確率 $3/5$ で $(3X,2Y)$ へ推移。

4 プレイヤー A は,(GG,SG) におけるプレイヤー B の行動 SG のうち,S を選べば最適反応が G,G を選べば最適反応は S。プレイヤー A は B の S,G をそれぞれ $1/2$ の確率で選ぶから,A は G,S をそれぞれ $1/2$ の確率でとる。プレイヤー B は,(GG,SG) において観察したプレイヤー A の行動は G のみであったから,B は G に対する最適反応である S をとる。したがって,(GG,SG) からは,(GG,GS) (GS,GS) にそれぞれ確率 $1/2$ で推移。

事 項 索 引

欧 文

ESS 204
NTUゲーム 157, 162
tit for tat 109
TUゲーム 157, 162

ア 行

安定集合 170, 193
一括均衡 131
永久懲罰戦略 106
お返し戦略 109

カ 行

カーネル 193
解 17, 19, 146, 170, 193
学習に基づくゲーム理論 21, 197
確率的進化モデル 213
仮想プレイ 221
完全記憶 95
完全情報 91, 112
完全フォーク定理 110
完全ベイジアン均衡 129
期待利得 47
逆選抜 132
逆向き帰納法 91
狭義ナッシュ均衡 42, 44, 53, 65,
　218, 228
共有知識 119
協力ゲーム理論 15, 139
行列ゲーム 62
局所戦略 94
均衡プレイ 82
クールノー・ナッシュ均衡 56
クールノーの複占市場 54

繰り返しゲーム 101, 105
ゲーム的状況 13, 28, 73
ゲームの木による表現 74
ゲームの和に関する性質 192
ゲーム理論 13, 16
現在価値 105
限定合理的 20, 197
コア 173, 175, 179, 183, 191, 193
貢献度 188
交渉ゲーム 145, 151, 157
交渉集合 170, 193
交渉の基準点 145
交渉の妥結点 147
行動戦略 94
効用 66, 157
公理系 146, 192
合理的 20, 29, 100, 197
個人合理性 172
混合戦略 46, 48, 58, 63, 65, 67, 144
混合戦略型の行動様式 206
混在均衡 131

サ 行

最適反応戦略 40, 65
サイドペイメント 157
シグナリング 135
実験 20, 197
実現可能集合 144
支配 33, 65
支配戦略 43, 53
シャープレイ値 52, 190, 194
社会的ジレンマ 37
弱支配 34, 45, 65, 92
弱支配戦略 44
囚人のジレンマ 36, 38, 104, 109

239

シュタッケルベルク均衡　113
シュタッケルベルクの複占市場
　112
受容的　182
純粋戦略　46, 91, 95
純粋戦略型の行動様式　206
譲渡可能効用　157
譲渡可能効用ゲーム　157
情報完備　20, 119
情報集合　76, 87, 128
情報不完備　20, 99, 119
仁　182, 191, 193
進化ゲーム　202, 208
進化的安定戦略　204, 208, 211
進化論的ゲーム理論　20, 100, 197,
　200
信念　128, 129
ゼロ和ゲーム　16, 61
全員提携　168
漸近的安定　211
線形計画問題　184, 187
全体合理性　172, 192
選択肢　15, 74, 79
戦略　15, 28, 79, 129
戦略形　15
戦略形ゲーム　29, 65, 78, 122, 146
戦略の複雑性　20, 197
相関混合戦略　142
相関戦略　142
双行列ゲーム　32

タ　行

対称　192
対称ゲーム　202, 214, 220
対称性　148, 151
対称なプレイヤーに関する性質
　192
タイプ　121
タカ−ハトゲーム　200, 205

多人数囚人のジレンマ　36
男女のジレンマ　66
チェーンストア・パラドックス
　99
逐次均衡　131
調整ゲーム　214, 220
提携　164
提携形　16
提携形ゲーム　164
提携合理性　175
適応型学習　197, 213
適応度　200
展開形　15
展開形ゲーム　74, 127
動学的均衡　210
特性関数　16, 164
特性関数形ゲーム　164
突然変異個体（ミュータント）　203
トリガー戦略　106

ナ　行

ナッシュ解　19, 153
ナッシュ均衡　17, 40, 43, 44, 48, 52,
　65, 89, 110, 154, 205, 221, 227
ナッシュ交渉解　19, 146, 153, 155
ナッシュプログラム　154
ナルプレイヤー　192
ナルプレイヤーに関する性質　192
2人協力ゲーム　140
2人ゼロ和ゲーム　63
2人戦略形ゲーム　31, 48
2人定和ゲーム　61, 63
2人非ゼロ和ゲーム　19

ハ　行

配分　172, 180, 191
パス　80
パレート最適性　147, 151
非協力ゲーム　154, 198

事項索引

非協力ゲーム理論　15, 19, 28, 140
非譲渡可能効用ゲーム　157
非ゼロ和ゲーム　16
非定和ゲーム　61
標準形　15
フォーク定理　110
フォン・ノイマン―モルゲン
　シュテルン効用　67, 156
部分ゲーム　87
部分ゲーム完全均衡　89, 91, 110,
　155
不満　175, 180
プレイ　80
プレイヤー　15, 28
分離均衡　131
平均利得　105, 110
ベイジアン・ナッシュ均衡　125
ベイジアン均衡　125
ベイジアンゲーム　121, 127
別払い　157, 164

マ　行

マックスミニ戦略　16, 58, 64
マックスミニ値　58, 63, 145

マルコフ過程　217, 228
ミニマックス戦略　16, 62
ミニマックス値　62, 63
ミニマックス定理　63
無関係な結果からの独立性　150,
　151, 152

ヤ　行

優加法性　169, 191

ラ　行

利得　15, 28, 67, 74
利得関数　30, 64
利得行列　31
利得双行列　31
利得の正アフィン変換からの
　独立性　149, 151
利得ベクトル　171
レプリケーター・
　ダイナミックス　210

ワ　行

割引因子　105

人 名 索 引

ア 行

アカロフ（G.A.Akerlof） 132
アクセルロッド（R.Axelrod） 109
ウェイブル（J.Weibull） 212
オーマン（R.J.Aumann） 17, 170, 186, 193
岡田章 64, 68, 95, 125, 155, 157, 193

カ 行

梶井厚志 35, 135
ギボンズ（R.Gibbons） 35
ギリース（D.B.Gillies） 175
クールノー（A.A.Cournot） 54

サ 行

シャープレイ（L.S.Shapley） 17, 192, 193
シュービック（M.Shubik） 52
シュタッケルベルク （H.von Stackelberg） 112
シュマイドラー（D.Schmeidler） 180
鈴木光男 162, 183, 186, 194
スペンス（O.Spence） 135
ゼルテン（R.Selten） 19, 99, 197

タ 行

タッカー（A.W.Tucker） 38, 52
デービス（M.Davis） 193
刀根薫 184, 217
ドレッシャー（M.Dresher） 38, 104

ナ 行

中村健二郎 183, 194

中山幹夫 99
ナッシュ（J.F.Nash） 17, 19, 52, 63, 65, 145, 146, 151, 154

ハ 行

パウンドストーン（W.Poundstone） 18, 104
ハルサーニ（J.C.Harsanyi） 19, 20, 119
フォン・ノイマン（J.von Neumann） 13, 16, 17, 18, 46, 52, 63, 67, 161, 170, 175, 193
フラッド（M.M.Flood） 38, 104

マ 行

マシュラー（M.Maschler） 170, 186, 193
松井彰彦 35, 135
武藤滋夫 162, 194
モルゲンシュテルン（O.Morgenstern） 13, 17, 18, 52, 67, 161, 170, 175, 193

ラ 行

ラポポート（A.Rapoport） 109
ルービンシュタイン（A.Rubinstein） 154

ワ 行

ワイントラウブ（E.R.Weintraub） 52

日経文庫案内 (1)

〈A〉経済・金融

1	経済指標の読み方(上)	日本経済新聞社
2	経済指標の読み方(下)	日本経済新聞社
3	貿易の知識	小 峰・村 田
5	外国為替の実務	三菱UFJリサーチ&コンサルティング
6	貿易為替用語辞典	東京リサーチインターナショナル
7	外国為替の知識	国際通貨研究所
8	金融用語辞典	深 尾 光 洋
18	リースの知識	宮 内 義 彦
19	株価の見方	日本経済新聞社
21	株式用語辞典	日本経済新聞社
22	債券取引の知識	武 内 浩 二
24	株式公開の知識	加 藤・松 野
30	EUの知識	藤 井 良 広
32	不動産用語辞典	日本不動産研究所
36	環境経済入門	三 橋 規 宏
40	損害保険の知識	玉 村 勝 彦
42	証券投資理論入門	大 村・俊 野
44	証券化の知識	大 橋 和 彦
48	入門・貿易実務	椿 弘 次
49	通貨を読む	滝 田 洋 一
52	石油を読む	藤 和 彦
56	デイトレード入門	廣 重 勝 彦
58	中国を知る	遊 川 和 郎
59	株に強くなる 投資指標の読み方	日経マネー
60	信託の仕組み	井 上 聡
61	電子マネーがわかる	岡 田 仁 志
62	株式先物入門	廣 重 勝 彦
64	FX取引入門	廣 重・平 田
65	資源を読む	柴 田 明 夫・丸紅経済研究所
66	PPPの知識	町 田 裕 彦
68	アメリカを知る	実 哲 也
69	食料を読む	鈴 木・木 下
70	ETF投資入門	カン・チュンド
71	レアメタル・レアアースがわかる	西 脇 文 男
72	再生可能エネルギーがわかる	西 脇 文 男
73	デリバティブがわかる	可 児・雪 上
74	金融リスクマネジメント入門	森 平 爽一郎
75	クレジットの基本	水 上 宏 明
76	世界紛争地図	日本経済新聞社

77	やさしい株式投資	日本経済新聞社
78	金融入門	日本経済新聞社
79	金利を読む	滝 田 洋 一
80	医療・介護問題を読み解く	池 上 直 己
81	経済を見る３つの目	伊 藤 元 重
82	国際金融の世界	佐久間 浩 司
83	はじめての海外個人投資	廣 重 勝 彦
84	はじめての投資信託	吉 井 崇 裕
85	フィンテック	柏 木 亮 二
86	はじめての確定拠出年金	田 村 正 之
87	銀行激変を読み解く	廉 了
88	仮想通貨とブロックチェーン	木ノ内 敏 久
89	シェアリングエコノミーまるわかり	野 口 功 一
90	日本経済入門	藤 井 彰 夫

〈B〉経営

25	在庫管理の実際	平 野 裕 之
28	リース取引の実際	森 住 祐 治
33	人事管理入門	今 野 浩一郎
41	目標管理の手引	金 津 健 治
42	OJTの実際	寺 澤 弘 忠
53	ISO9000の知識	中 條 武 志
63	クレーム対応の実際	中 森・竹 内
69	会社分割の進め方	中 村・山 田
70	製品開発の知識	延 岡 健太郎
73	ISO14000入門	吉 澤 正
74	コンプライアンスの知識	髙 巖
76	人材マネジメント入門	守 島 基 博
77	チームマネジメント	古 川 久 敬
80	パート・契約・派遣・請負の人材活用	佐 藤 博 樹
82	CSR入門	岡 本 享 二
83	成功するビジネスプラン	伊 藤 良 二
85	はじめてのプロジェクトマネジメント	近 藤 哲 生
86	人事考課の実際	金 津 健 治
87	TQM品質管理入門	山 田 秀
88	品質管理のための統計手法	永 田 靖
89	品質管理のためのカイゼン入門	山 田 秀

日経文庫案内 (2)

91	職務・役割主義の人事	長谷川　直　紀
92	バランス・スコアカードの知識	吉川　武男
93	経営用語辞典	武藤　泰明
95	メンタルヘルス入門	島　　　悟
96	会社合併の進め方	玉井　裕子
98	中小企業のための事業継承の進め方	松木　謙一郎
99	提案営業の進め方	松丘　啓司
100	EDIの知識	流通システム開発センター
102	公益法人の基礎知識	熊谷　則一
103	環境経営入門	足達　英一郎
104	職場のワーク・ライフ・バランス	佐藤・武石
105	企業審査入門	久保田　政純
106	ブルー・オーシャン戦略を読む	安部　義彦
107	パワーハラスメント	岡田・稲尾
108	スマートグリッドがわかる	本橋　恵一
109	BCP〈事業継続計画〉入門	緒方・石丸
110	ビッグデータ・ビジネス	鈴木　良介
111	企業戦略を考える	淺羽・須藤
112	職場のメンタルヘルス入門	難波　克行
113	組織を強くする人材活用戦略	太田　肇
114	ざっくりわかる企業経営のしくみ	遠藤　功
115	マネジャーのための人材育成スキル	大久保　幸夫
116	会社を強くする人材育成戦略	大久保　幸夫
117	女性が活躍する会社	大久保・石原
118	新卒採用の実務	岡崎　仁美
119	IRの成功戦略	佐藤　淑子
120	これだけは知っておきたいマイナンバーの実務	梅屋　真一郎
121	コーポレートガバナンス・コード	堀江　貞之
122	IoTまるわかり	三菱総合研究所
123	成果を生む事業計画のつくり方	平井・淺羽
124	AI（人工知能）まるわかり	古明地・長谷

125	「働き方改革」まるわかり	北岡　大介
126	LGBTを知る	森永　貴彦
127	M&Aがわかる	知野・岡田
128	「同一労働同一賃金」はやわかり	北岡　大介
129	営業デジタル改革	角川　淳
130	全社戦略がわかる	菅野　寛
131	5Gビジネス	亀井　卓也
132	SDGs入門	村上・渡辺

〈C〉会計・税務

1	財務諸表の見方	日本経済新聞社
2	初級簿記の知識	山浦・大倉
4	会計学入門	桜井　久勝
12	経営分析の知識	岩本　繁
13	Q&A経営分析の実際	川口　勉
23	原価計算の知識	加登・山本
41	管理会計入門	加登　豊
48	時価・減損会計の知識	中島　康晴
49	Q&Aリースの会計・税務	井上　雅彦
50	会社経理入門	佐藤　裕一
51	企業結合会計の知識	関根　愛子
52	退職給付会計の知識	泉本　小夜子
53	会計用語辞典	片山・井上
54	内部統制の知識	町田　祥弘
56	減価償却がわかる	都・手塚
57	クイズで身につく会社の数字	田中　靖浩
58	これだけ財務諸表	小宮　一慶
59	ビジネススクールで教える経営分析	太田　康広
60	Q&A軽減税率はやわかり	日本経済新聞社

〈D〉法律・法務

2	ビジネス常識としての法律	堀・淵邊
3	部下をもつ人のための人事・労務の法律	安西　愈
4	人事の法律常識	安西　愈
6	取締役の法律知識	中島　茂
11	不動産の法律知識	鎌野　邦樹
14	独占禁止法入門	厚谷　襄児

日経文庫案内 (3)

20 リスクマネジメントの法律知識　長谷川　俊　明
22 環境法入門　畠山・大塚・北村
24 株主総会の進め方　中　島　　茂
26 個人情報保護法の知識　岡　村　久　道
27 倒産法入門　田　頭　章　一
28 銀行の法律知識　階・渡　邊　博
29 債権回収の進め方　池　辺　吉　博
30 金融商品取引法入門　黒　沼　悦　郎
31 会社法の仕組み　近　藤　光　男
32 信託法入門　道垣内　弘　人
34 労働契約の実務　浅　井　隆
35 不動産登記法入門　山野目　章　夫
36 保険法入門　竹　濱　修
37 契約書の見方・つくり方　淵　邊　善　彦
40 労働法の基本　山　川　隆　一
41 ビジネス法律力トレーニング　淵　邊　善　彦
42 ベーシック会社法入門　宍　戸　善　一
43 Q&A部下をもつ人のための労働法改正　浅　井　隆
44 フェア・ディスクロージャー・ルール　大　崎　貞　和
45 はじめての著作権法　池　村　聡

〈E〉流通・マーケティング

6 ロジスティクス入門　中　田　信　哉
16 ブランド戦略の実際　小　川　孔　輔
20 エリア・マーケティングの実際　米　田　清　紀
23 マーチャンダイジングの知識　田　島　義　博
28 広告入門　梶　山　皓
30 広告用語辞典　日経広告研究所
34 セールス・プロモーションの実際　渡　辺・守　口
35 マーケティング活動の進め方　木　村　達　也
36 売場づくりの知識　鈴　木　哲　男
39 コンビニエンスストアの知識　木　下　安　司
40 CRMの実際　古　林　宏
41 マーケティング・リサーチの実際　近　藤・小　田
42 接客販売入門　北　山　節　子
43 フランチャイズ・ビジネスの実際　内　川　昭比古

44 競合店対策の実際　鈴　木　哲　男
46 マーケティング用語辞典　和田・日本マーケティング協会
48 小売店長の常識　木　下・竹　山
49 ロジスティクス用語辞典　日通総合研究所
50 サービス・マーケティング入門　山　本　昭　二
51 顧客満足［CS］の知識　小　野　譲　司
52 消費者行動の知識　青　木　幸　弘
53 接客サービスのマネジメント　石　原　直
54 物流がわかる　角　井　亮　一
55 最強販売員トレーニング　北　山　節　子
56 オムニチャネル戦略　角　井　亮　一
57 ソーシャルメディア・マーケティング　水　越　康　介
58 ロジスティクス4.0　小野塚　征　志

〈F〉経済学・経営学

3 ミクロ経済学入門　奥　野　正　寛
4 マクロ経済学入門　中　谷　巌
7 財政学入門　入　谷　純
8 国際経済学入門　浦　田　秀次郎
15 経済思想　八　木　紀一郎
16 コーポレートファイナンス入門　砂　川　伸　幸
22 経営管理　野　中　郁次郎
23 経営戦略　奥　村　昭　博
28 労働経済学入門　大　竹　文　雄
29 ベンチャー企業　松　田　修　一
30 経営組織　金　井　壽　宏
31 ゲーム理論入門　武　藤　滋　夫
33 経営学入門(上)　榊　原　清　則
34 経営学入門(下)　榊　原　清　則
36 経営史　安　部　悦　生
37 経済史入門　川　勝　平　太
38 はじめての経済学(上)　伊　藤　元　重
39 はじめての経済学(下)　伊　藤　元　重
40 組織デザイン　沼　上　幹
51 マーケティング　恩　蔵　直　人
52 リーダーシップ入門　金　井　壽　宏
54 経済学用語辞典　佐　和　隆　光
55 ポーターを読む　西　谷　洋　介
56 コトラーを読む　酒　井　光　雄
57 人口経済学　加　藤　久　和

日経文庫案内 (4)

58	企業の経済学	淺羽　茂
59	日本の経営者	日本経済新聞社
60	日本の雇用と労働法	濱口桂一郎
61	行動経済学入門	多田洋介
62	仕事に役立つ経営学	日本経済新聞社
63	身近な疑問が解ける経済学	日本経済新聞社
64	競争戦略	加藤俊彦
65	マネジメントの名著を読む	日本経済新聞社
66	はじめての企業価値評価	砂川・笠原
67	リーダーシップの名著を読む	日本経済新聞社
68	戦略・マーケティングの名著を読む	日本経済新聞社
69	カリスマ経営者の名著を読む	高野研一
70	日本のマネジメントの名著を読む	日本経済新聞社
71	戦略的コーポレートファイナンス	中野　誠
72	企業変革の名著を読む	日本経済新聞社
73	プロがすすめるベストセラー経営書	日本経済新聞社
74	ゼロからわかる日本経営史	橘川武郎
75	やさしいマクロ経済学	塩路悦朗

〈G〉情報・コンピュータ

10	英文電子メールの書き方	ジェームス・ラロン

〈H〉実用外国語

17	はじめてのビジネス英会話	セイン／森田
18	プレゼンテーションの英語表現	セイン／スプーン
19	ミーティングの英語表現	セイン／スプーン
20	英文契約書の書き方	山本孝夫
21	英文契約書の読み方	山本孝夫
22	ネゴシエーションの英語表現	セイン／スプーン
23	チームリーダーの英語表現	デイビッド・セイン
24	ビジネス英語ライティング・ルールズ	森田／ヘンドリックス

〈I〉ビジネス・ノウハウ

2	会議の進め方	高橋　誠
3	報告書の書き方	安田賀計
5	ビジネス文書の書き方	安田賀計
8	ビジネスマナー入門	梅島・土舘
10	交渉力入門	佐久間賢
14	意思決定入門	中島　一
16	ビジネスパーソンのための書き方入門	野村正樹
18	ビジネスパーソンのための話し方入門	野村正樹
19	モチベーション入門	田尾雅夫
21	レポート・小論文の書き方	江川　純
22	問題解決手法の知識	高橋　誠
23	アンケート調査の進め方	酒井　隆
24	ビジネス数学入門	芳沢光雄
26	調査・リサーチ活動の進め方	酒井　隆
28	ロジカル・シンキング入門	茂木秀昭
29	ファシリテーション入門	堀　公俊
31	メンタリング入門	渡辺・平田
32	コーチング入門	本間・松瀬
33	キャリアデザイン入門[I]	大久保幸夫
34	キャリアデザイン入門[II]	大久保幸夫
35	セルフ・コーチング入門	本間・松瀬
36	五感で磨くコミュニケーション	平本相武
37	EQ入門	高山直
38	時間管理術	佐藤知一
40	ファイリング＆整理術	矢次信一郎
41	ストレスマネジメント入門	島・佐藤
42	グループ・コーチング入門	本間正人
43	プレゼンに勝つ図解の技術	飯田英明
44	ワークショップ入門	堀　公俊
45	考えをまとめる・伝える図解の技術	奥村隆一
46	買ってもらえる広告・販促物のつくり方	平城圭司

日経文庫案内 (5)

47 プレゼンテーションの技術　山本御稔
48 ビジネス・ディベート　茂木秀昭
49 戦略思考トレーニング　鈴木貴博
50 戦略思考トレーニング2　鈴木貴博
51 ロジカル・ライティング　清水久三子
52 クイズで学ぶコーチング　本間正人
53 戦略的交渉入門　田村・隅田
54 戦略思考トレーニング3　鈴木貴博
55 仕事で使える心理学　榎本博明
56 言いづらいことの伝え方　本間正人
57 ビジネスマンのための国語力トレーニング　出口汪
58 数学思考トレーニング　鍵本聡
59 発想法の使い方　加藤昌治
60 企画のつくり方　原尻淳一
61 仕事で恥をかかない日本語の常識　日本経済新聞出版社
62 戦略思考トレーニング経済クイズ王　鈴木貴博
63 モチベーションの新法則　榎本博明
64 仕事で恥をかかないビジネスマナー　岩下宣子
65 コンセンサス・ビルディング　小倉広
66 キャリアアップのための戦略論　平井孝志
67 心を強くするストレスマネジメント　榎本博明
68 営業力 100本ノック　北澤孝太郎
69 ビジネス心理学 100本ノック　榎本博明

ベーシック版

マーケティング入門　相原修
不動産入門　日本不動産研究所
日本経済入門　岡部直明
貿易入門　久保広正
経営入門　高村寿一
環境問題入門　小林・青木
流通のしくみ　井本省吾

ビジュアル版

マーケティングの基本　野口智雄
経営の基本　武藤泰明
流通の基本　小林隆一
経理の基本　片平晃男
貿易・為替の基本　山田晃久
日本経済の基本　小峰隆夫
金融の基本　高月昭年
品質管理の基本　内田治
IT活用の基本　内山力
マネジャーが知っておきたい経営の常識　内山力
キャッシュフロー経営の基本　前川・野寺
企業価値評価の基本　渡辺茂
IFRS［国際会計基準］の基本　飯塚・前川・有光
マーケティング戦略　野口智雄
経営分析の基本　佐藤裕一
仕事の常識＆マナー　山﨑紅
はじめてのコーチング　市瀬博基
ロジカル・シンキング　平井・渡部
仕事がうまくいく 会話スキル　野口吉昭
使える！ 手帳術　舘神龍彦
ムダとり 時間術　渥美由喜
ビジネスに活かす統計入門　内田・兼子・矢野
ビジネス・フレームワーク　堀公俊
アイデア発想フレームワーク　堀公俊
図でわかる会社法　柴田和史
資料作成ハンドブック　清水久三子
マーケティング・フレームワーク　原尻淳一
図でわかる経済学　川越敏司
7つの基本で身につく エクセル時短術　一木伸夫
AI（人工知能）　城塚音也
ゲーム理論　渡辺隆裕
働き方改革　岡崎淳一

武藤　滋夫（むとう・しげお）
東京工業大学名誉教授

1950年	東京生まれ
73年	東京工業大学工学部社会工学科卒業
77年	コーネル大学大学院工学研究科オペレーションズ・リサーチ専攻M.S.課程修了
78年	コーネル大学大学院工学研究科オペレーションズ・リサーチ専攻Ph.D課程修了
79年	東京工業大学理学部情報科学科助手
82年	東北大学経済学部助教授
90年	東北大学経済学部教授
96年	東京都立大学経済学部教授
98年	東京工業大学大学院社会理工学研究科教授
2016年	東京理科大学経営学部嘱託教授
著　書	『協力ゲームの理論』（共著，東京大学出版会，1985）
	『投票システムのゲーム分析』（共著，日科技連出版社，1998）
	『ゲーム理論で解く』（編著，有斐閣，2000）
	Advances in Dynamic Games（共編著，Birkhauser, 2006）
	『協力ゲーム理論』（共著，勁草書房，2008）
	『ゲーム理論』（オーム社，2011）
	『ゲーム理論アプリケーションブック』（共編著，東洋経済新報社，2013）
訳　書	『ゲーム理論と経済行動─刊行60周年記念版』（勁草書房，2014）

日経文庫

ゲーム理論入門

2001年1月15日　1版1刷
2025年6月13日　24刷（新装版2刷）

著　者	武藤滋夫
発行者	中川ヒロミ
発　行	株式会社日経**BP** 日本経済新聞出版
発　売	株式会社日経**BP**マーケティング 〒105-8308　東京都港区虎ノ門4-3-12

印刷・製本　DNP出版プロダクツ
© Shigeo Muto, 2001
ISBN 978-4-296-12480-0
Printed in Japan

────────────────────────────

本書の無断複写・複製（コピー等）は著作権法上の例外を除き、
禁じられています。
購入者以外の第三者による電子データ化および電子書籍化は、
私的使用を含め一切認められておりません。
本書籍に関するお問い合わせ、
乱丁・落丁などのご連絡は下記にて承ります。
https://nkbp.jp/booksQA